卷首语

会计是对“生产过程的控制和观念总结”。面对不断变化的经济环境，会计需要不断地改良和变革，逐步实现与国际会计标准的趋同。在这种背景下，财政部于2006年2月15日在北京举行了会计准则体系发布会，公布了39项企业会计准则。这标志着我国与国际会计标准趋同的企业会计准则体系正式建立，标志着我国自1992年开始的会计制度改革又有了新突破，实现了新发展。

教材建设是会计教育的基础，建立一套体系科学、内容新颖、结构合理的会计学系列教材，既是会计制度改革的要求，也是会计人才培养的需要。山东财经大学的会计学科是“文革”前的老本科学科，是“八五”期间的省级重点学科和“九五”期间强化建设的省级重点学科，历史悠久，文化深厚，到目前为止，拥有17位教授、29位副教授，其中博士16位(含5位博士后)、在读博士17位，具备了探索和研究会计教育改革、建立和完善会计学系列教材体系的能力。早在1987年，我们初步确立并编写出版了一套会计学系列教材，并于1995年、2003年分别做了进一步的修订与完善。我们编写的教材为许多兄弟院校所采用，在会计教学与实践中受到了广泛好评。

随着我国市场经济体制的建立与完善，尤其是我国会计改革的进一步深化，原有的教材已经不能适应经济社会发展和培养创新会计人才的需要，必须进行改革与完善。在广泛酝酿和征求教师、学生和实务界人士意见的基础上，我们组织会计学院教学、科研一线的教授或专家，根据新的会计准则体系和最新的研究成果，重新编撰和修订了山东财经大学财会精品系列教材。具体包括会计学基础、中级财务会计、高级财务会计、成本会计、管理会计、财务管理、审计学、会计信息系统与分析、会计学概论、企业会计模拟实验教程和专业英语等十一部教材。

本次教材建设，本着理论与实务并重、教学与科研结合、国内与国际相通的原则，力求突出以下特点：

第一，通俗易懂，深入浅出。既注重会计理论的介绍，又注重会计实务的操作，做到用简洁的语言，深入浅出地叙述、说明和解释会计的基本问题。

第二，结构新颖，内容丰富。针对国内外会计准则的新情况、新问题、新成果，加重笔墨，详细介绍，既保持知识的连续性，又顾及知识的发展性。

第三，紧扣制度，兼顾惯例。会计是技术性的，也是国家性的，教授与学习会计的目的在于应用，所以必须讲制度；会计是社会性的，也是国际性的，人类社会共性的会计规律理应把握，所以必须讲惯例。

山东财经大学财会精品系列教材是山财大“会计人”多年奋斗、共同劳动的结晶，凝聚了几代会计人的经验与心血，体现了社会各界对“山财大会计”的支持和厚爱。教材的本次建设与修订只是一个起点，而不是终点，随着时代的发展和社会进步，我们会与山东人民出版社一起把会计学科的新发展与新成就及时奉献给我们的学生和读者。

山东财经大学财会精品系列教材编委会

财会精品系列教材

企业会计模拟实验教程

QIYE KUAIJI MONI SHIYAN JIAOCHENG

主　编 高　山

副主编 张彦国

山东人民出版社·济南

国家一级出版社 全国百佳图书出版单位

图书在版编目(CIP)数据

企业会计模拟实验教程/高山主编. —济南:山东人民出版社,2010.3(2025.3 重印)
ISBN 978-7-209-05255-9

Ⅰ.①企… Ⅱ.①高… Ⅲ.①企业管理-会计-高等学校:技术学校-教材 Ⅳ.①F275.2

中国版本图书馆 CIP 数据核字(2010)第 044544 号

责任编辑:马 洁

企业会计模拟实验教程
高 山 主编

山东出版传媒股份有限公司
山东人民出版社出版发行
社 址:济南市市中区舜耕路 517 号 邮 编:250003
网 址:http://www.sd-book.com.cn
市场部:(0531)82098027 82098028
新华书店经销
日照报业印刷有限公司印装
规 格 16 开 (180mm×240mm)
印 张 24.5
字 数 280 千字
版 次 2010 年 3 月第 1 版
印 次 2025 年 3 月第 13 次
ISBN 978-7-209-05255-9
定 价 42.00 元

如有质量问题,请与印刷厂调换。电话:(0633)8221365

前　言

会计作为一门经济管理学科，具有很强的实践性。因此，会计教学不仅要向学生全面系统地传授会计基本理论和具体方法，还应特别注重锻炼学生实际操作技能和综合分析能力，加强理论联系实际，为我国社会主义市场经济的发展培养更多优秀的实用型会计人才。为了加强会计实践教学，提高教学质量，我们根据多年从事会计教学以及指导学生实习的经验和体会，编写了这本《企业会计模拟实验教程》。

本实验教程取材于某焊接设备企业的会计实务，经过对有关资料分析、整理、加工、补充编写而成。模拟实验以该企业某年12月份的经济业务为例，同时提供了较为完整的期初资料，设计了从期初建账到日常供、产、销的各项主营业务和其他业务。整个实验过程具有代表性，涉及会计知识面广，能够使学生全面掌握企业会计核算流程。本实验教程按照财政部颁布的《企业会计准则》(2006)编写，其内容体现了会计和税制改革的最新成果，有助于学生更加深入地了解现代企业的会计实务。

本实验教程由高山担任主编，负责全书的总纂、定稿，并设计了相关的经济业务；张彦国担任副主编，设计了相关原始凭证的格式及内容。

本书在编写过程中，得到了郝薇芝、刘宝生等资深业内人士的大力支持与帮助，在此一并表示感谢。

由于我们的水平和经验有限，书中难免有疏漏和不当之处，敬请读者批评指正。

高　山

2019年1月

致读者的说明

由于本实验教程所附的各种凭证、报表、账页中有一部分面积较大，超出了原书的规格，因此难以按原页码的顺序排列，现将它们集中装订在本实验教程的最后部分，由此带来的不便，请读者见谅。

山东人民出版社

目　录

一　实验目的、程序要求及实验组织 …………………………… (1)

二　实验企业概况 ……………………………………………… (4)

三　企业会计核算制度与核算方法 …………………………… (6)

四　期初建账资料 ……………………………………………… (12)

五　2018年12月份发生的经济业务 ………………………… (22)

六　经济业务发生的原始凭证 ………………………………… (37)

七　编制及分析年度会计报表的有关资料 ………………… (279)

八　科目汇总表、会计报表及材料采购、应交增值税明细账 ……… (301)

一　实验目的、程序要求及实验组织

会计是一门实务性很强的学科，会计理论与实务操作往往存在较大的差异。会计模拟实验就是连接会计理论与实务的纽带，通过会计模拟实验将会计理论与实务有机地结合起来，为尽快适应会计工作打下良好的基础。

（一）实验目的

1. 通过本册实验教材的操作，学生能够对所学会计理论知识进行全面检验，及时发现自身的不足之处，进一步加强对专业基本理论知识、基本方法的理解和运用。

2. 通过本册实验教材的操作，学生能够比较系统、全面地掌握制造业企业会计核算的基本程序和具体方法，加强基本技能的训练，从而切实提高实际动手操作能力，为即将从事的会计工作打下坚实的基础。

（二）实验程序要求

1. 根据本实验教材“二”、“三”所提供的资料，熟悉实验企业概况、会计核算制度及核算方法。

2. 根据本实验教材“四”所提供的2018年12月初各账户余额，开设总分类账户、明细分类账户及现金日记账、银行存款日记账，将余额记入余额栏内。此外，还应根据本月的经济业务发生情况，随时增设必要的账户。

3. 根据本实验教材“五”、“六”所提供的资料，整理或填制有关经济业务的原始凭证，分类编制记账凭证（收款凭证、付款凭证和转账凭证），并将原始凭证附于有关的记账凭证之后。记账凭证和账簿均用蓝、黑墨水笔填写、登记。

对于现金、银行存款、其他货币资金之间的收付业务，以贷项为主，只编付款凭证。各类记账凭证应分别按顺序编号：

现金收款凭证	现收1、现收2、现收3……
现金付款凭证	现付1、现付2、现付3……
银行存款收款凭证	银收1、银收2、银收3……
银行存款付款凭证	银付1、银付2、银付3……
其他货币资金收款凭证	币收1、币收2、币收3……

其他货币资金付款凭证　　　币付1、币付2、币付3……

转账凭证　　　　　　　　　转1、转2、转3……

4. 根据收款凭证、付款凭证登记现金日记账、银行存款日记账和现金流量表台账。

5. 根据记账凭证及所附原始凭证或原始凭证汇总表，按顺序登记有关明细账。

发现错账，应根据具体情况，分别采用划线更正法、红字更正法和补充登记法更正错账，切勿刮、擦、挖、补和涂改。

6. 月末根据本月收料单、领料单、退料单，编制“收料凭证汇总表”和“发料凭证汇总表”，同时分类计算本月材料成本差异率，编制汇总收料与结转差异、汇总发料及分摊差异的记账凭证。

7. 月末按实耗修理工时分配本月机修车间发生的辅助生产成本；按实耗产品工时分配各基本生产车间生产工人工资薪酬以及发生的制造费用。编制分配表和有关分配结转的记账凭证。

8. 月末采用逐步结转分步法分别计算加工车间和变压器车间自制半成品成本，以及装配车间完工产品成本。

编制产品成本计算表，并据以编制自制半成品完工入库及领用、产成品完工入库等结转成本的记账凭证。

9. 月末计提各种税金，编制有关记账凭证。

10. 按权责发生制要求计算、结转损益并进行利润分配，编制有关记账凭证。

11. 根据记账凭证于本月10日、20日、30日、31日编制科目汇总表，并利用科目汇总表进行试算平衡。

12. 根据科目汇总表登记各总分类账户。

13. 结出各类账户本期发生额及期末余额，将总分类账与有关明细分类账、日记账进行核对。

14. 根据核对相符的总分类账户、明细分类账户以及本实验教材“七（一）、（二）、（三）、（四）”所提供资料，编制资产负债表、利润表、现金流量表和所有者权益（股东权益）变动表。

15. 根据所编制的会计报表以及本实验教材“七（五）”所作提示计算各项财务指标。

16. 将各类记账凭证分别按编号顺序排列，折叠整齐，加具封面，装订成册。账页、报表也应分别加具封面，装订成册。

（三）实验组织

1. 应配备专职或兼职实验教师，组织和指导实验操作全过程。

2．发放实验所用凭证、账簿及有关工具。

本实验教材“八”只提供了科目汇总表、会计报表及材料采购、应交增值税明细账，其余实验所用空白凭证、账簿均需外购或自行印制。

此外，还应发放会计科目章、印台等实验工具。

3．可根据具体情况选择分组共同完成实验或一人单独完成实验。

分组共同完成实验，有利于相互讨论和加强复核。每组人数以2～4人为宜。完成实验后，应填写各人分工及工作量明细表，以便明确责任和考核评分。为了弥补分组实验的缺陷，在实验过程中应加强交流。

一人单独完成实验，有利于系统地掌握整个企业会计核算过程。

4．实验结束，由实验教师根据学生完成实验的质量和工作量进行评分。

二　实验企业概况

(一) 基本概况

企业名称：力峰焊接设备有限公司
住　　所：济南市历城区山大北路128号
联系电话：0531－88667722
法定代表人：王钢(公司总经理)
注册资金：人民币陆佰万元整
其中80％为东岳股份有限公司投入资本
20％为宏远机械厂投入资本
企业类型：有限责任公司(国内合资)
经营范围：生产、销售NBC-160、NBC-200、NBC-250三种型号的焊机，产品均为内销
纳税人登记号：370102345600123
企业注册号：370100000049007
该公司银行开户及证券公司开户情况如下：

基本存款账户：建设银行和平里支行	账号：370016168972
一般存款账户：工商银行济南市分行	账号：390006833068
证券资金账户：中泰证券公司	账号：038622688
社保基金专户：建设银行和平里支行	账号：370016234896

(二) 内部组织机构及人员分布

该公司共有职工152人，内部组织机构及人员分布如下：

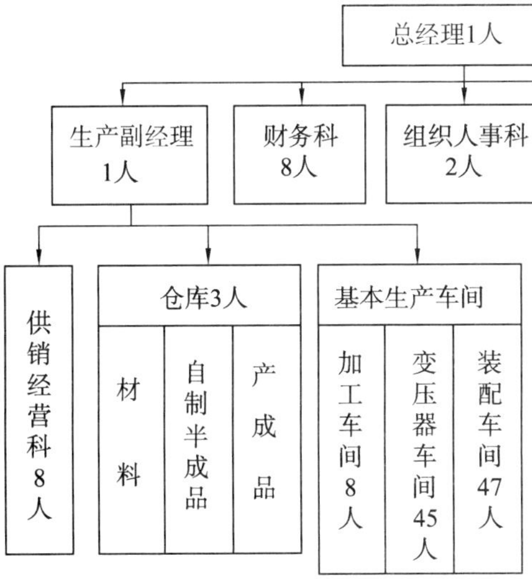

（三）生产工艺流程

产品制造在三个基本生产车间进行。加工车间生产三种型号的焊机机壳，经检验合格后送交自制半成品仓库；变压器车间生产三种型号的变压器，经检验合格后送交自制半成品仓库；装配车间从仓库领用自制半成品和原材料，装配加工成三种型号的焊机，经检验合格后送交产成品仓库。如下图所示：

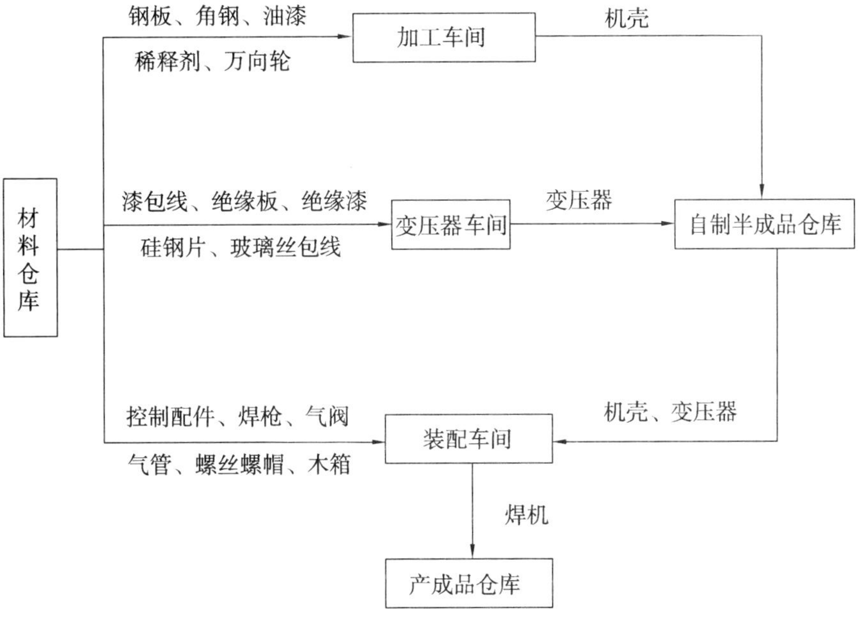

三　企业会计核算制度与核算方法

（一）账务处理程序

该公司采用科目汇总表账务处理程序。如下图所示：

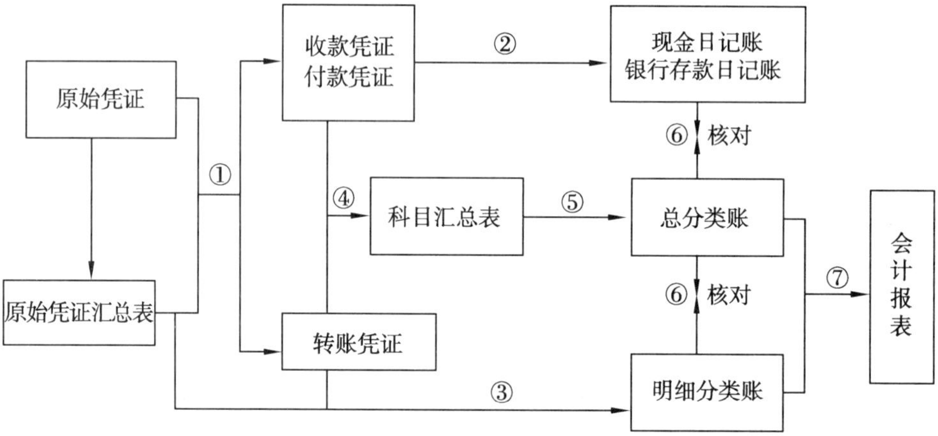

（二）备用金核算

采购员及其他职工出差预支差旅费，回公司后一次结清。

行政管理科经财务科核定，领取定额备用金 1 000 元，由专人负责保管、报销。

（三）材料核算方法及流程图

1．材料核算方法：

（1）原材料、低值易耗品按计划成本进行日常核算，“材料采购”、“材料成本差异”按相同口径分类进行明细核算，其分类项目为：钢材类、变压器类、控制配件类、焊枪类、辅助材料类、低值易耗品类等六大类。

（2）低值易耗品均采用一次转销法。

（3）月末根据本月收料单对各类材料入库情况进行汇总，编制结转入库材料计划成本及材料成本差异的记账凭证。

（4）月末计算各类材料本月成本差异率，并根据本月领料单及退料单对各类材料发出情况进行汇总，编制结转发出材料计划成本及分摊差异的记账凭证。

(5) 每年 12 月份对原材料等存货进行清查，根据盘点结果编制盘盈盘亏报告单，报经分管副经理审批后在年末结账前处理完毕。

2. 材料核算流程简图：

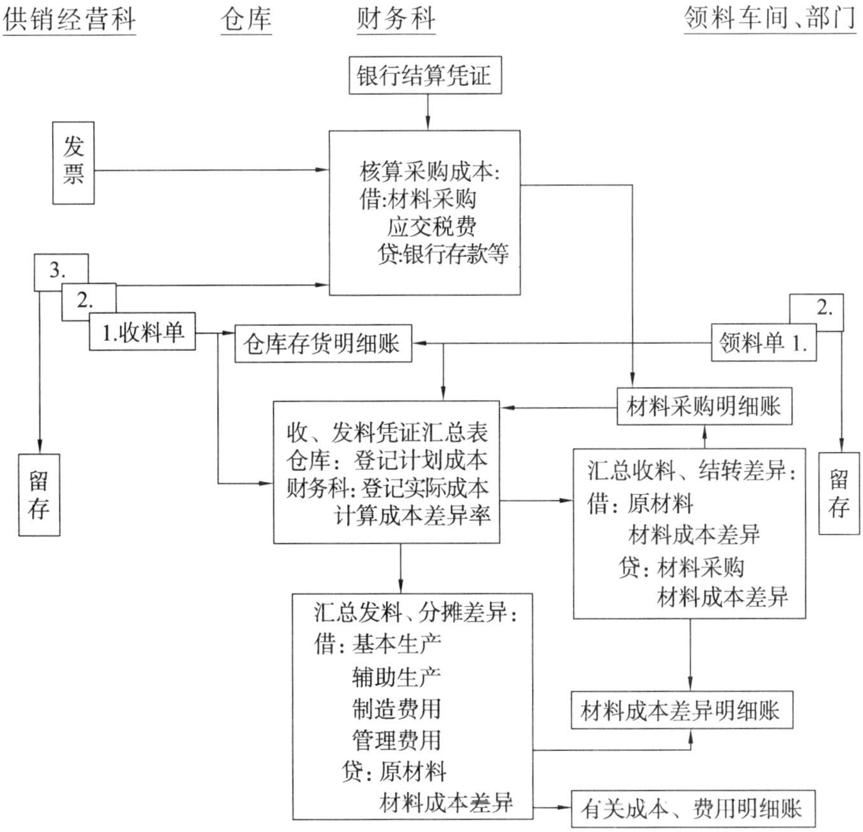

(四) 固定资产核算

1. 固定资产按平均年限法分类计提折旧，净残值率均为 4%。折旧方法和净残值率都与税法规定保持一致。各类固定资产预计使用年限如下：

房屋、建筑物：40 年　　　　生产设备：10 年

管理设备：5 年　　　　　　运输工具：5 年

2. 固定资产清理应由设备科提出报告，经技术部门鉴定后，报分管副经理审批后处理。

3. 对符合下列两个条件的固定资产在使用过程中发生的更新改造支出和修理费用等后续支出，计入固定资产成本：(1) 与该固定资产有关的经济利益很可能流入企业；(2) 该固定资产的成本能够可靠地计量；否则在发生时计入当期损益。

4. 每年末对固定资产进行清查，根据盘点结果编制盘盈盘亏报告单，报经分管副经理审批后进行账务处理。固定资产盘盈作为前期差错处理，通过“以前年度损益调整”账户调整年初留存收益及相关账户金额。

（五）基于薪酬的各项保险费、公积金和经费的计提（均指企业负担的部分）

项目	计提基数	计提比例（%）
养老保险费	上年月平均工资总额	22
住房公积金	同上	7
医疗保险费	同上	12
失业保险费	同上	2
生育保险费	同上	0.5
工伤保险费	同上	0.5
工会经费	本月工资总额	2
教育经费	同上	1.5

说明：各项保险费、公积金和经费的计提基数和比例，由于各地区政策之间存在差异，以及政策本身的变化，可能与实务不一致，本实验教材着重要求掌握会计处理的基本方法。

（六）辅助生产费用的归集与分配方法

该公司的机修车间为辅助生产车间，其发生的全部生产费用直接记入“辅助生产——机修车间”账户，并按各基本生产车间、行政管理部门、在建工程实际耗用修理工时的比例分配。

（七）生产工人薪酬、基本生产车间制造费用的分配方法

均按生产产品的实际耗用工时比例进行分配。

（八）在产品计价方法

1. 加工车间在产品成本按约当产量法计算，月末在产品加工程度为50%，材料随加工进度分次投料。

2. 变压器车间在产品成本按约当产量法计算，月末在产品加工程度为50%，材料随加工进度分次投料。

3. 装配车间在产品成本按约当产量法计算，月末在产品加工程度为60%，自制半成品和原材料均为一次投料。

（九）产品成本计算方法及费用、成本核算流程图

1. 产品成本计算方法：

产品成本计算方法采用逐步结转分步法，不要求成本还原。

2. 费用、成本核算流程简图：

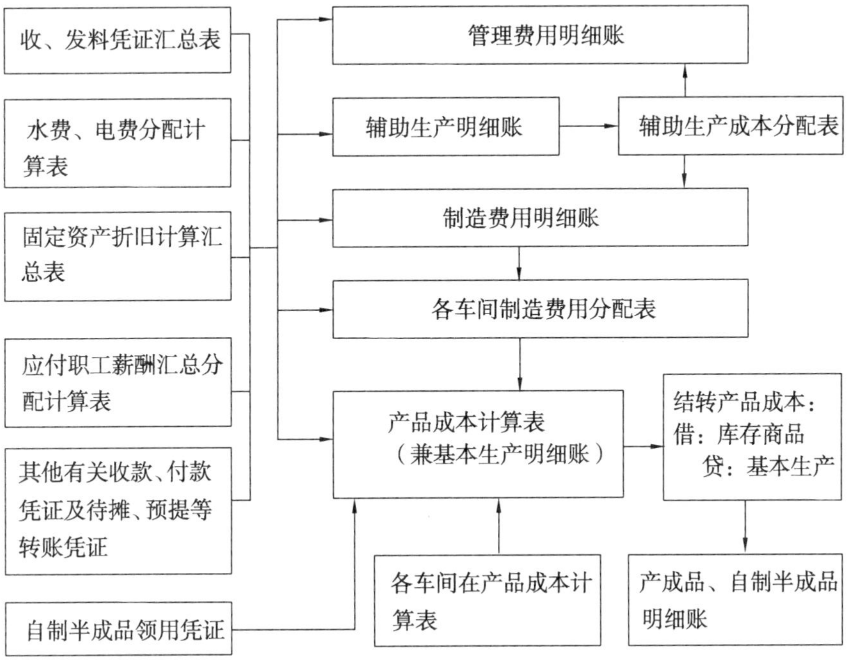

（十）自制半成品及产成品发出的计价方法

自制半成品、产成品发出均按全月一次加权平均法计价。

该公司自制半成品通过仓库收发，并设置"库存商品——自制半成品"账户核算。

（十一）坏账准备的计提

经该公司董事会审核批准，将单项金额在100万元及以上的应收款项认定为金额重大的应收款项。

1. 年末对单项金额重大的应收款项单独进行减值测试，根据其未来现金流量现值低于其账面价值的差额，确认减值损失，并以此调整"坏账准备"账户的余额。

2. 对单项金额非重大的应收款项以及单独测试后未发生减值的单项金额重大的应收款项，采用年末应收款项余额百分比法计提坏账准备，计提比例为5‰，并以此调整"坏账准备"账户的余额。

（十二）存货、投资性房地产、固定资产和无形资产减值准备的提取

1. 存货按其可变现净值低于账面价值的差额单项计提存货跌价准备。

2. 以成本模式进行后续计量的投资性房地产、固定资产、无形资产按其可收回金额低于账面价值的差额计提资产减值准备。

3. 当期确认的存货、投资性房地产、固定资产和无形资产减值损失均借记"资产减值损失"账户，分别贷记"存货跌价准备""投资性房地产减值准备""固定资产减值准备"和"无形资产减值准备"账户。其中，除存货所确认的减值损失外，其余的资产减值损失一经确认，在以后会计期间不得转回。

（十三）销售业务核算方法及流程图

采用支票、银行汇票、商业汇票、汇兑等方式结算货款或赊销的，均在开出发票并发出产品以后确认销售收入；若采用委托收款、托收承付结算方式的，则应在开出发票、发出产品，并向银行办妥托收或托收承付手续后确认销售收入。

销售核算流程简图：

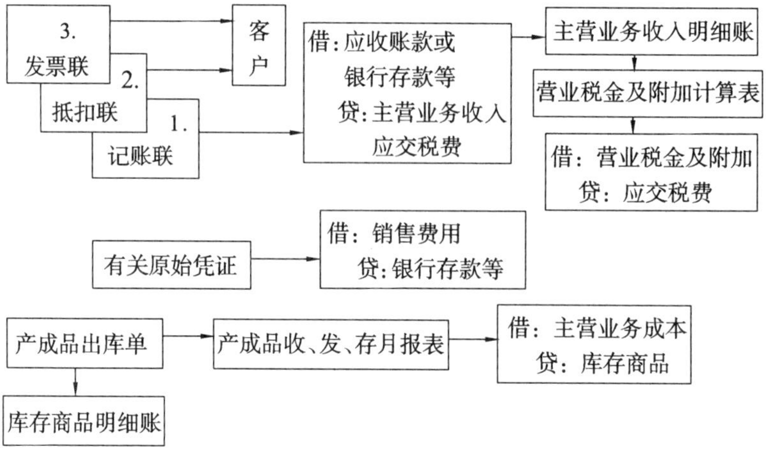

（十四）投资性房地产核算

1. 采用成本模式对投资性房地产进行后续计量，并于每月月末按年限平均法计提折旧或摊销，净残值率为4%。折旧方法和净残值率都与税法规定保持一致，对外出租的房屋预计使用年限为35年。

2. 投资性房地产的改扩建或装修等后续支出，符合投资性房地产确认条件的，计入投资性房地产成本；否则，在后续支出发生时计入当期损益。

3. 投资性房地产的出租、处置作为经营活动中的其他业务进行会计处理。

(十五) 税金及附加的计提

1. 企业所得税税率：　　　25%

2. 增值税税率：

　生产及销售焊机　　　16%(该公司为增值税一般纳税人)

　出租房屋　　　10%

3. 城市维护建设税税率：　　　7%

4. 教育费附加率：　　　3%

(3、4 两项：根据企业实际缴纳增值税、消费税税额之和计征)

5. 房产税：

　自用房屋：房产账面原值×(1－扣除率 20%)×年税率 1.2%÷12

　出租房屋：月租金收入×税率 12%

　房产税按月计提后，每年分两次于 5 月、11 月缴纳。

6. 城镇土地使用税：年税额 5 元/平方米

　城镇土地使用税按月计提后，每年分两次于 5 月、11 月缴纳。

7. 印花税：

　印花税在购买印花税票时计入当月税金及附加。

8. 个人所得税：

　由企业根据职工的每月工资所得，按超额累进税率代扣代缴。

(十六) 所得税费用的核算方法

对所得税费用采用资产负债表债务法进行核算。

(十七) 提取法定盈余公积

按当期税后利润的 10%提取法定盈余公积。

四　期初建账资料

2018 年 12 月初账户余额

金额单位：元

科目编号	总账科目	子目	细目	余额	账页格式
1001	库存现金			1 563.40	三栏式总账、日记账
1002	银行存款			1 017 112.79	三栏式
		建设银行	人民币户	495 063.42	日记账
		工商银行	人民币户	339 104.29	日记账
		建设银行	社保基金专户	182 945.08	日记账
1012	其他货币资金			257 086.20	三栏式
			银行汇票存款		三栏式
			待转让支票		三栏式
			存出投资款	257 086.20	三栏式
1101	交易性金融资产			502 500.00	三栏式
		股票投资	东大股份（成本）	502 500.00	三栏式
1121	应收票据			2 673 750.00	三栏式
		银行承兑汇票	红星机电设备公司	480 000.00	三栏式
			华升机电设备公司	877 500.00	三栏式
			石家庄旅行车厂	731 250.00	三栏式
			顺通钢窗厂	585 000.00	三栏式
1122	应收账款			824 850.00	三栏式
			北园钢窗厂	298 350.00	三栏式
			泰山机电设备公司	526 500.00	三栏式

续表

科目编号	总账科目	子目	细目	余额	账页格式
1123	预付账款			2 877.50	三栏式
			报刊订阅费	426.00	三栏式
			财产保险费	1 964.50	三栏式
			机动车辆保险费	487.00	三栏式
1221	其他应收款			2 000.00	三栏式
			刘勇	1 000.00	三栏式
			行政科定额备用金	1 000.00	三栏式
1231	坏账准备			（贷）3 671.25	三栏式
			应收账款	（贷）3 656.25	三栏式
			其他应收款	（贷）15.00	三栏式
1401	材料采购			69 000.00	三栏式
		钢材类			横线登记式
		变压器类			横线登记式
		控制配件类			横线登记式
		焊枪类		69 000.00	横线登记式
		辅助材料类			横线登记式
		低值易耗品类			横线登记式
1403	原材料			293 625.00	三栏式
		钢材类	详见附注1，下同	56 800.00	数量金额式
		变压器类		130 200.00	数量金额式
		控制配件类		59 500.00	数量金额式
		焊枪类		31 500.00	数量金额式
		辅助材料类		15 625.00	数量金额式
1404	材料成本差异			（贷）3 135.20	三栏式
		钢材类		1 062.00	三栏式
		变压器类		（贷）5 259.60	三栏式
		控制配件类		556.00	三栏式

续表

科目编号	总账科目	子目	细目	余额	账页格式
		焊枪类		(贷)684.00	三栏式
		辅助材料类		1 082.50	三栏式
		低值易耗品类		107.90	三栏式
1405	库存商品			722 280.50	三栏式
		自制半成品	详见附注 3	225 424.60	数量金额式
		产成品	详见附注 4	496 855.90	数量金额式
1413	低值易耗品			2 680.00	三栏式
			详见附注 2	2 680.00	数量金额式
1521	投资性房地产			752 500.00	三栏式
1522	投资性房地产累计折旧			(贷)215 000.00	三栏式
1601	固定资产			5 522 790.00	三栏式
1602	累计折旧			(贷)1 033 540.00	三栏式
1604	在建工程			1 910 000.00	三栏式
			建造厂房工程	960 000.00	三栏式
			新建生产线工程	950 000.00	三栏式
1606	固定资产清理				三栏式
1701	无形资产			300 000.00	三栏式
			非专利技术	300 000.00	三栏式
1702	累计摊销			(贷)80 000.00	三栏式
1901	待处理财产损溢				三栏式
2001	短期借款			1 500 000.00	三栏式
		建设银行			三栏式
		工商银行		1 500 000.00	三栏式
2201	应付票据			152 100.00	三栏式
		银行承兑汇票	黄河电子器材厂	152 100.00	三栏式
2202	应付账款			146 835.00	三栏式

续表

科目编号	总账科目	子目	细目	余额	账页格式
			石家庄永安金属材料公司	146 835.00	三栏式
2203	预收账款			20 000.00	三栏式
			金泰公司	20 000.00	三栏式
2211	应付职工薪酬				三栏式
2221	应交税费			300 481.20	三栏式
			应交增值税		多栏式
			未交增值税	185 670.00	三栏式
			应交所得税	92 360.00	三栏式
			应交城市维护建设税	13 066.90	三栏式
			应交教育费附加	5 600.10	三栏式
			应交个人所得税	2 784.20	三栏式
			应交房产税	1 000.00	三栏式
			应交土地使用税		三栏式
2231	应付利息			23 205.00	三栏式
			预提短期借款利息	23 205.00	三栏式
2232	应付股利				三栏式
2241	其他应付款			4 285.60	三栏式
			应付养老保险费		三栏式
			应付住房公积金		三栏式
			应付医疗保险费		三栏式
			应付失业保险费		三栏式
			应付生育保险费		三栏式
			应付工伤保险费		三栏式
			应付工会经费及会费		三栏式
			提取教育经费	4 285.60	三栏式
2501	长期借款			2 037 006.70	三栏式

续表

科目编号	总账科目	子目	细目	余额	账页格式
		建设银行	建造厂房专门借款	2 037 006.70	三栏式
4001	实收资本			6 000 000.00	三栏式
			东岳股份有限公司	4 800 000.00	三栏式
			宏远机械厂	1 200 000.00	三栏式
4002	资本公积			200 000.00	三栏式
			其他资本公积	200 000.00	三栏式
4101	盈余公积			1 230 334.00	三栏式
			法定盈余公积	615 167.00	三栏式
			任意盈余公积	615 167.00	三栏式
4103	本年利润			1 872 036.30	三栏式
4104	利润分配			472 843.60	三栏式
			提取法定盈余公积		三栏式
			提取任意盈余公积		三栏式
			应付现金股利或利润		三栏式
			未分配利润	472 843.60	三栏式
5002	基本生产			439 858.46	三栏式
		160 型机壳	详见附注 5,下同	6 111.90	多栏式
		200 型机壳		8 545.28	多栏式
		250 型机壳		9 212.58	多栏式
		160 型变压器		27 791.25	多栏式
		200 型变压器		24 360.50	多栏式
		250 型变压器		29 965.45	多栏式
		160 型焊机		109 303.50	多栏式
		200 型焊机		108 869.70	多栏式
		250 型焊机		115 698.30	多栏式

续表

科目编号	总账科目	子目	细目	余额	账页格式
5003	辅助生产				三栏式
		机修车间	详见附注 6		多栏式
5101	制造费用				三栏式
		加工车间	详见附注 7,下同		多栏式
		变压器车间			多栏式
		装配车间			多栏式
6001	主营业务收入				三栏式
6051	其他业务收入				三栏式
6111	投资收益				三栏式
6301	营业外收入				三栏式
6401	主营业务成本				三栏式
6402	其他业务成本				三栏式
6403	税金及附加				三栏式
6601	销售费用				三栏式
			详见附注 8		多栏式
6602	管理费用				三栏式
			详见附注 9		多栏式
6603	财务费用				三栏式
			详见附注 10		多栏式
6702	信用减值损失				三栏式
6711	营业外支出				三栏式
6801	所得税费用				三栏式

附注1 12月初原材料结存及计划成本表

金额单位：元

类别	品名	计量单位	数量	计划单价	金额
钢材类	钢板	吨	10	5 000.00	50 000.00
	角钢	吨	2	3 400.00	6 800.00
变压器类	漆包线	公斤	500	60.00	30 000.00
	绝缘板	公斤	350	50.00	17 500.00
	绝缘漆	公斤	160	20.00	3 200.00
	硅钢片	公斤	650	55.00	35 750.00
	玻璃丝包线	公斤	625	70.00	43 750.00
控制配件类	控制配件	套	85	700.00	59 500.00
焊枪类	焊枪	把	90	350.00	31 500.00
辅助材料类	油漆	公斤	120	7.00	840.00
	稀释剂	公斤	50	7.00	350.00
	万向轮	只	360	4.00	1 440.00
	气管	米	430	1.00	430.00
	气阀	个	25	45.00	1 125.00
	螺丝螺帽	箱	5	130.00	650.00
	木箱	只	20	100.00	2 000.00
	汽油	升	1 200	5.00	6 000.00
	机油	升	310	9.00	2 790.00
合计	×	×	×	×	293 625.00

附注2 12月初低值易耗品结存及计划成本表

金额单位：元

品名	计量单位	数量	计划单价	金额
安全钳	把	10	10.00	100.00
扳手	把	12	15.00	180.00
劳保用品	套	30	80.00	2 400.00
合计	×	×	×	2 680.00

附注 3　　12 月初自制半成品结存表

金额单位:元

品名	计量单位	数量	单位成本	金额
160 型机壳	套	25	660.80	16 520.00
200 型机壳	套	20	737.80	14 756.00
250 型机壳	套	24	939.50	22 548.00
160 型变压器	台	24	2 367.40	56 817.60
200 型变压器	台	21	2 669.00	56 049.00
250 型变压器	台	20	2 936.70	58 734.00
合计	×	×	×	225 424.60

附注 4　　12 月初产成品结存表

金额单位:元

品名	计量单位	数量	单位成本	金额
160 型焊机	台	32	4 645.70	148 662.40
200 型焊机	台	35	5 103.30	178 615.50
250 型焊机	台	30	5 652.60	169 578.00
合计	×	×	×	496 855.90

附注 5　　12 月初在产品明细表

生产部门:加工车间　　金额单位:元

项目 品名	数量(套)	主要材料	辅助材料	工资薪酬	制造费用	合计
160 型机壳	20	5 273.44	395.26	294.40	148.80	6 111.90
200 型机壳	25	7 453.36	498.32	370.80	222.80	8 545.28
250 型机壳	22	7 871.48	567.00	501.20	272.90	9 212.58
合计	×	20 598.28	1 460.58	1 166.40	644.50	23 869.76

生产部门：变压器车间　　　　　　金额单位：元

项目/品名	数量(台)	主要材料	工资薪酬	制造费用	合计
160 型变压器	23	22 730.25	3 450.60	1 610.40	27 791.25
200 型变压器	18	19 989.70	2 968.20	1 402.60	24 360.50
250 型变压器	20	24 668.55	3 597.50	1 699.40	29 965.45
合计	×	67 388.50	10 016.30	4 712.40	82 117.20

生产部门：装配车间　　　　　　金额单位：元

项目/品名	数量(台)	自制半成品	主要材料	辅助材料	工资薪酬	制造费用	合计
160 型焊机	24	72 679.80	25 177.00	4 324.50	4 315.90	2 806.30	109 303.50
200 型焊机	22	74 948.40	23 079.00	3 919.20	4 090.50	2 832.60	108 869.70
250 型焊机	21	81 399.90	22 027.00	3 762.60	5 041.00	3 467.80	115 698.30
合计	×	229 028.10	70 283.00	12 006.30	13 447.40	9 106.70	333 871.50

附注 6

“辅助生产”明细项目：

(1) 职工薪酬；(2) 折旧费；(3) 财产保险费；(4) 低值易耗品及材料消耗；(5) 水电费；(6) 其他。

附注 7

“制造费用”明细项目：

(1) 职工薪酬；(2) 折旧费；(3) 修理费；(4) 财产保险费；(5) 低值易耗品及材料消耗；(6) 水电费；(7) 办公费；(8) 其他。

附注 8

“销售费用”明细项目：

(1) 摊位费；(2) 广告费。

附注 9

“管理费用”明细项目：

(1) 职工薪酬;(2) 办公费;(3) 水电费;(4) 电话费;(5) 差旅费;(6) 业务招待费;(7) 折旧费;(8) 修理费;(9) 财产保险费;(10) 无形资产摊销;(11) 材料消耗;(12) 存货盘亏(减盘盈);(13) 其他。

附注 10

"财务费用"明细项目:

(1) 利息支出;(2) 银行手续费;(3) 汇兑损益。

五　2018 年 12 月份发生的经济业务

(1) 1 日,签发现金支票 1 张,向建设银行提取现金 3 000 元备用。

要求:签发现金支票,号码 DF005645。

(2) 1 日,开给顺通钢窗厂增值税专用发票(号码 0069725),货已发出。

200 型焊机　15 台　价款　120 000 元　税额　19 200 元

收到对方交来转账支票 1 张,金额为 139 200 元,送存建设银行。

要求:填制进账单。

(3) 1 日,技术科刘勇回公司报销差旅费 936 元,并交回多余现金 64 元,出纳收款并开出收据。

要求:填制收据。

(4) 1 日,向华升机电设备公司购入万向轮 1 000 只,不含增值税单价为 4.20 元;购入气管 3 000 米,不含增值税单价为 1.05 元;购入气阀 300 个,不含增值税单价为 45.60 元。增值税专用发票列明价款 21 030 元和税额 3 364.80 元。签发建设银行转账支票 1 张,支付货款 24 394.80 元,货已验收入库。

要求:签发转账支票,号码 CE003962;

填制收料单。

(5) 2 日,装配车间职工王强、李力、赵芳等 3 人报销子女 11 月幼托费共计 117 元,出纳以现金付讫。

(6) 2 日,向石家庄永安金属材料公司购入钢板 20 吨,不含增值税单价为 5 030元;购入角钢 5 吨,不含增值税单价为 3 420 元。增值税专用发票列明价款 117 700 元和税额 18 832 元。货已验收入库,货款尚未支付。

签发建设银行转账支票 1 张,支付天桥运输公司运费 2 046 元。收到该公司开出的增值税专用发票。

要求:签发转账支票,号码 CE003963;

填制收料单,运费按购入原材料的重量分配。

(7) 2 日,签发建设银行转账支票 1 张,预付明年公司各科室报刊订阅费 5 836.40元,收到山大北路邮政分局开出的增值税专用发票。

要求:签发转账支票,号码 CE003964。

(8) 2 日，收到金泰公司交来转账支票 1 张，金额为 132 000 元，系预付租用本公司房屋明年 1 月至 6 月的租金。将支票送存建设银行。开给金泰公司增值税专用发票(号码 0069726)。

要求：填制进账单。

(9) 3 日，向建设银行申请签发银行汇票 1 张，金额为 150 000 元，交给采购员孙力向潍坊天龙机电设备公司采购原材料。

要求：填制银行汇票申请书。

(10) 3 日，签发建设银行转账支票 1 张，支付产品交易会摊位费 5 300 元，收到产品交易会开出的增值税专用发票。

要求：签发转账支票，号码 CE003965。

(11) 3 日，以现金支付财务科董斌等 8 名职工后续教育培训费 848 元，收到信和财会培训学校开出的增值税专用发票。

(12) 3 日，向博山机电设备公司购入焊枪 200 把，不含增值税单价为 345 元。今日货到并验收入库，价款 69 000 元和税额 11 040 元上月 27 日已付讫(记账凭证号码：币付 7 号)。

要求：填制收料单(发票号码：0365963)。

(13) 3 日，加工车间领用钢板 14.2 吨，其中 4.2 吨用于生产 160 型机壳，4.6 吨用于生产 200 型机壳，5.4 吨用于生产 250 型机壳。

要求：填制领料单。

(14) 3 日，装配车间领用气阀 268 个，其中 91 个用于生产 160 型焊机，83 个用于生产 200 型焊机，94 个用于生产 250 型焊机。

要求：填制领料单。

(15) 3 日，开给兴达机电设备公司增值税专用发票(号码 0069727)，货已发出，货款尚未收到。

160 型焊机　20 台　价款　140 000 元　税额　22 400 元

200 型焊机　18 台　价款　144 000 元　税额　23 040 元

(16) 3 日，向金利建材公司购入油漆 700 公斤，不含增值税单价为 7.10 元；购入稀释剂 350 公斤，不含增值税单价为 7.20 元；购入螺丝螺帽 30 箱，不含增值税单价为 132 元。增值税专用发票列明价款 11 450 元和税额 1 832 元。货已验收入库，货款尚未支付。

要求：填制收料单。

(17) 4 日，采购员孙力用面额为 150 000 元的银行汇票，向潍坊天龙机电设备公司购入漆包线 1 400 公斤，不含增值税单价为 58 元；购入绝缘板 700 公斤，不含增值税单价为 49 元；购入绝缘漆 500 公斤，不含增值税单价为 19.40 元。增值税专用发票列明价款 125 200 元和税额 20 032 元。货已验收入库。

以现金支付阳光运输公司运费 532 元,收到该公司开出的增值税专用发票。

要求:填制收料单,运费按购入原材料的重量分配。

(18) 4 日,向槐荫木材加工厂购入木箱 300 只,不含增值税单价为 110 元。增值税专用发票列明价款 33 000 元和税额 5 280 元。签发建设银行转账支票 1 张,支付货款 38 280 元,货已验收入库。

要求:签发转账支票,号码 CE003966;

填制收料单。

(19) 4 日,加工车间领用角钢 3.5 吨,其中 0.8 吨用于生产 160 型机壳,1.3 吨用于生产 200 型机壳,1.4 吨用于生产 250 型机壳。

要求:填制领料单。

(20) 4 日,装配车间领用下列材料:

焊枪 268 把,其中 91 把用于生产 160 型焊机,83 把用于生产 200 型焊机,94 把用于生产 250 型焊机。

气管 2 680 米,其中 910 米用于生产 160 型焊机,830 米用于生产 200 型焊机,940 米用于生产 250 型焊机。

螺丝螺帽 26 箱,其中 9 箱用于生产 160 型焊机,8 箱用于生产 200 型焊机,9 箱用于生产 250 型焊机。

要求:填制领料单。

(21) 7 日,接到建设银行通知,采购潍坊天龙机电设备公司原材料的银行汇票结算多余款 4 768 元,已划回收账。

(22) 7 日,与建设银行和平里支行签订承兑协议(编号 008547),签发银行承兑汇票 1 张,向黄河电子器材厂购入硅钢片 1 800 公斤,不含增值税单价为 54 元;购入玻璃丝包线 2 000 公斤,不含增值税单价为 67 元;购入控制配件 200 套,不含增值税单价为 705 元。增值税专用发票列明价款 372 200 元和税额 59 552 元。货已验收入库。

要求:签发银行承兑汇票(到期日:2019 年 2 月 7 日;建设银行和平里支行地址:济南市山大北路 120 号,行号:0396);

填制收料单。

(23) 7 日,加工车间领用下列材料:

油漆 310 公斤,其中 90 公斤用于生产 160 型机壳,90 公斤用于生产 200 型机壳,130 公斤用于生产 250 型机壳。

稀释剂 160 公斤,其中 50 公斤用于生产 160 型机壳,40 公斤用于生产 200 型机壳,70 公斤用于生产 250 型机壳。

要求：填制领料单。

(24) 8日，开给天津消防器材厂增值税专用发票(号码 0069728)，货已发出，货款尚未收到。同意对方采用汇兑方式结算货款。

160型焊机 16台 价款 112 000元 税额 17 920元

200型焊机 12台 价款 96 000元 税额 15 360元

(25) 8日，变压器车间领用下列材料：

硅钢片1 480公斤，其中440公斤用于生产160型变压器，490公斤用于生产200型变压器，550公斤用于生产250型变压器。

玻璃丝包线1 770公斤，其中530公斤用于生产160型变压器，580公斤用于生产200型变压器，660公斤用于生产250型变压器。

要求：填制领料单。

(26) 8日，装配车间领用控制配件268套，其中91套用于生产160型焊机，83套用于生产200型焊机，94套用于生产250型焊机。

要求：填制领料单。

(27) 8日，财务科李刚预支赴上海开会差旅费2 000元，出纳以现金付讫。

(28) 9日，以现金支付行政管理科周峰生活困难补助费500元。

(29) 9日，加工车间领用万向轮540只，其中184只用于生产160型机壳，168只用于生产200型机壳，188只用于生产250型机壳。

要求：填制领料单。

(30) 9日，变压器车间领用下列材料：

漆包线1 220公斤，其中350公斤用于生产160型变压器，420公斤用于生产200型变压器，450公斤用于生产250型变压器。

绝缘板560公斤，其中140公斤用于生产160型变压器，190公斤用于生产200型变压器，230公斤用于生产250型变压器。

绝缘漆420公斤，其中90公斤用于生产160型变压器，140公斤用于生产200型变压器，190公斤用于生产250型变压器。

要求：填制领料单。

(31) 9日，装配车间领用木箱268只，其中91只用于生产160型焊机，83只用于生产200型焊机，94只用于生产250型焊机。

要求：填制领料单。

(32) 9日，与建设银行和平里支行签订为期3个月的流动资金借款合同，金额为500 000元，已划转本公司账户。

(33) 9日，本公司2018年9月9日签发的1张银行承兑汇票到期，收到建设银行转来收款方(黄河电子器材厂)委托收款的托收凭证付款通知联，如数支付票款 152 100 元。

(34) 10 日，持红星机电设备公司 2018 年 11 月 10 日签发的银行承兑汇票向工商银行申请贴现。该汇票面值 480 000 元，3 个月到期，年贴现率 10%，贴现协议中不带追索条款。银行扣除贴现息 8 000 元后，将实际得款 472 000 元划转本公司账户。

要求：填制贴现凭证。

(35) 10 日，签发建设银行转账支票 1 张，金额为 69 600 元，向光明机械设备公司购入冲床 1 台，增值税专用发票列明价款 60 000 元和税额 9 600 元。该冲床验收后交付加工车间使用。

要求：签发转账支票，号码 CE003967。

(36) 10 日，从中泰证券公司购入股票(东大股份)10 000 股，作为交易性金融资产核算。收到交割单 1 张，列明成交金额 103 500 元，佣金 312.60 元，实际付款 103 812.60 元从资金账户划出。

(37) 10 日，财务科李丽购买空白账册 11 套，增值税专用发票列明价款 275 元和税额 44 元，出纳以现金付讫。

(38) 10 日，通过建设银行缴纳上月应交未交所得税 92 360 元、增值税185 670 元、城市维护建设税 13 066.90 元和教育费附加 5 600.10 元，同时代交上月已代扣的个人所得税 2 784.20 元。当即收到各有关税金及附加完税凭证。

(39) 11 日，开给凯丰机械厂增值税专用发票(号码 0069729)，将 160 型焊机 1 台捐赠给对方，货已发出。同时签发建设银行转账支票 1 张，金额为 100 000 元，一并捐赠给凯丰机械厂，收到该厂开出的收据。1 台 160 型焊机的单位售价与单位公允价值均为 7 000 元。

要求：签发转账支票，号码 CE003968。

(40) 11 日，向济南石化公司购入汽油 1 000 升，不含增值税单价为 5.20 元；购入机油 500 升，不含增值税单价为 9.40 元。增值税专用发票列明价款 9 900 元和税额 1 584 元。签发建设银行转账支票 1 张，支付货款 11 484 元，货已验收入库。

要求：签发转账支票，号码 CE003969；

填制收料单。

(41) 11 日，开给红星机电设备公司增值税专用发票(号码 0069730)，货已发出。

160 型焊机	15 台	价款	105 000 元	税额	16 800 元
200 型焊机	20 台	价款	160 000 元	税额	25 600 元
250 型焊机	20 台	价款	200 000 元	税额	32 000 元

收到对方交来转账支票1张,金额为539 400元,送存建设银行。

要求:填制进账单。

(42) 11日,收到建设银行转来的信汇凭证(收账通知联),应收天津消防器材厂本月8日货款241 280元已收妥。

(43) 14日,李刚报销差旅费2 064.20元,出纳以现金补付预支款不足之差额。

(44) 14日,向济南市钢材市场购入钢板10吨,不含增值税单价为5 050元;购入角钢3吨,不含增值税单价为3 430元。增值税专用发票列明价款60 790元和税额9 726.40元。货已验收入库,货款尚未支付。

要求:填制收料单。

(45) 14日,向环宇五金公司购入安全钳50把,不含增值税单价为10.60元;购入扳手50把,不含增值税单价为15.40元;购入劳保用品100套,不含增值税单价为82元。增值税专用发票列明价款9 500元和税额1 520元。签发建设银行转账支票1张,支付货款11 020元,货已验收入库。

要求:签发转账支票,号码CE003970;

填制收料单。

(46) 15日,根据"工资结算汇总表",签发建设银行转账支票1张,收款人为力峰焊接设备有限公司职工工资户,金额为196 727.30元,委托建设银行和平里支行办理代发工资转存信用卡业务,发放工资196 654.10元,并支付银行手续费73.20元。工资发放清单以软盘形式同时送交银行,并经银行审核。

要求:签发转账支票,号码CE003971。

(47) 15日,根据"工资结算汇总表",结转本月代扣各种款项共计44 945.90元。

(48) 15日,签发建设银行转账支票1张,收款人为力峰焊接设备有限公司工会,根据"工资结算汇总表",将代扣的职工工会会费1 208元划转本公司工会银行存款户。

要求:签发转账支票,号码CE003972。

(49) 15日,根据"各项保险费、公积金、经费计算表",计提企业负担的各项保险费、公积金和经费共计110 416.68元。

(50) 16日,填制行政拨交工会经费缴款书,通过建设银行和平里支行缴付本月工会经费。力峰焊接设备有限公司工会账号:370003978241;开户行:建设银行历城支行。上级工会为济南市总工会,账号:390009136452;开户行:工商银行市中支行。

(51) 16日,签发建设银行转账支票1张,收款人为力峰焊接设备有限公司公积金专户,缴付职工住房公积金32 442.04元,其中企业负担的部分为16 221.02元,企业从职工工资中代扣代缴的部分为16 221.02元。

要求：签发转账支票，号码 CE003973；

填制济南市公积金汇缴书，公积金账号：396003021980，上月汇缴金额也为 32 442.04 元。

(52) 16 日，收到建设银行转来济南市社会保险事业基金结算管理中心的职工社会保险基金结算表等托收凭证，已从社保基金专户划转各项基金共计 111 229.83元。其中：

	单位缴付金额	个人缴付金额	合　计
缴付养老保险费	50 980.34 元	18 538.30 元	69 518.64 元
缴付医疗保险费	27 807.46 元	4 634.58 元	32 442.04 元
缴付失业保险费	4 634.58 元	2 317.29 元	6 951.87 元
缴付生育保险费	1 158.64 元	—	1 158.64 元
缴付工伤保险费	1 158.64 元	—	1 158.64 元
合　计	85 739.66 元	25 490.17 元	111 229.83 元

(53) 16 日，机修车间领用机油 400 升，用于修理业务。

要求：填制领料单。

(54) 16 日，加工车间领用钢板 14.4 吨，其中 4.3 吨用于生产 160 型机壳，4.5 吨用于生产 200 型机壳，5.6 吨用于生产 250 型机壳。

要求：填制领料单。

(55) 16 日，开给宏达汽车改装厂增值税专用发票(号码 0069731)，货已发出，货款尚未收到。

160 型焊机　15 台　价款　105 000 元　税额　16 800 元

250 型焊机　17 台　价款　170 000 元　税额　27 200 元

(56) 16 日，收到北园钢窗厂交来转账支票 1 张，金额为 298 350 元，系偿还上月购货所欠货款，本公司准备背书转让该支票。

(57) 16 日，向华升机电设备公司购入漆包线 1 200 公斤，不含增值税单价为 58.50 元；购入硅钢片 1 400 公斤，不含增值税单价为 53.50 元；购入玻璃丝包线 1 600公斤，不含增值税单价为 68.50 元；增值税专用发票列明价款 254 700 元和税额 40 752 元。上述款项通过背书转让北园钢窗厂交来的转账支票结算，余额暂作“其他应收款”处理。货已验收入库。

要求：背书转让北园钢窗厂交来的转账支票；

填制收料单。

(58) 17 日，向鲁北电子器材厂购入绝缘板 500 公斤，不含增值税单价为48.20 元；购入绝缘漆 500 公斤，不含增值税单价为 19.50 元；购入控制配件 100 套，不含增值税单价为 706 元。增值税专用发票列明价款 104 450 元和税额 16 712 元。货已验收入库，货款尚未支付。

要求:填制收料单。

(59) 17日,加工车间领用下列材料:

角钢3.1吨,其中1吨用于生产160型机壳,0.9吨用于生产200型机壳,1.2吨用于生产250型机壳。

油漆310公斤,其中85公斤用于生产160型机壳,85公斤用于生产200型机壳,140公斤用于生产250型机壳。

稀释剂150公斤,其中40公斤用于生产160型机壳,45公斤用于生产200型机壳,65公斤用于生产250型机壳。

万向轮528只,其中172只用于生产160型机壳,184只用于生产200型机壳,172只用于生产250型机壳。

要求:填制领料单。

(60) 17日,签发现金支票1张,向建设银行提取现金4 000元备用。

要求:签发现金支票,号码DF005646。

(61) 17日,签发建设银行转账支票1张,购买印花税票1 460元。

要求:签发转账支票,号码CE003974。

(62) 18日,变压器车间领用下列材料:

漆包线1 230公斤,其中340公斤用于生产160型变压器,410公斤用于生产200型变压器,480公斤用于生产250型变压器。

绝缘板530公斤,其中120公斤用于生产160型变压器,175公斤用于生产200型变压器,235公斤用于生产250型变压器。

绝缘漆400公斤,其中85公斤用于生产160型变压器,130公斤用于生产200型变压器,185公斤用于生产250型变压器。

硅钢片1 510公斤,其中425公斤用于生产160型变压器,520公斤用于生产200型变压器,565公斤用于生产250型变压器。

玻璃丝包线1 765公斤,其中510公斤用于生产160型变压器,615公斤用于生产200型变压器,640公斤用于生产250型变压器。

要求:填制领料单。

(63) 18日,年末财产清查,分别发现盘亏绝缘漆4公斤,盘亏稀释剂10公斤,系搬运中发生的损耗。

要求:填制存货盘盈盘亏报告单,结转盘亏存货的计划成本。

(64) 20日,收到华升机电设备公司交来现金2 898元,系结清本月16日背书转让支票结算货款的余额。出纳收款并开出收据。

要求:填制收据。

(65) 21日,加工车间领用安全钳35把,作为生产工具使用。

要求:填制领料单。

(66) 21 日,各车间领用劳保用品,具体情况如下:加工车间领用 25 套,变压器车间领用 20 套,装配车间领用 25 套,机修车间领用 10 套。

要求:填制领料单。

(67) 21 日,开给顺通钢窗厂增值税专用发票(号码 0069732),货已发出。

250 型焊机　14 台　价款　140 000 元　税额　22 400 元

收到对方交来金额为 165 000 元的背书转让支票 1 张,多收的款项 2 600 元当即签发建设银行转账支票退回,并将收到的背书转让支票送存建设银行。

要求:签发转账支票,号码 CE003975;

填制进账单。

(68) 21 日,加工车间的 1 台铣床,因设备老化不能继续使用,经批准报废转入清理。该设备原值 120 000 元,净残值率 4%,预计使用 10 年,已使用 9 年,累计折旧 103 680 元。

(69) 21 日,收到建设银行转来中国联通济南分公司专用托收凭证,支付电话费 9 515 元。已从中国联通济南分公司取得增值税专用发票。

(70) 21 日,签发建设银行转账支票 1 张,支付本公司行政办公楼电梯日常保养费1 632.40元,收到新华电梯工程公司开出的增值税专用发票。

要求:签发转账支票,号码 CE003976。

(71) 22 日,将已批准报废的铣床出售给历城废品回收公司,开出增值税专用发票(号码 0069733),收到该公司开具的转账支票一张,金额为 4 941.60 元,将支票送存建设银行。同时,以现金支付运费 240 元,收到历城运输服务公司开具的增值税普通发票。该设备清理完毕,结转清理净损益。

要求:填制进账单。

(72) 22 日,收到工商银行的付款通知,结算用于生产经营资金周转的短期借款本季度利息 34 807.50 元,从本公司账户中划转,上 2 个月已预提利息 23 205 元。

(73) 22 日,收到建设银行的两张付款通知。一张结算用于专门建造厂房工程的长期借款本季度利息 55 510 元,公司上 2 个月已计利息 37 006.70 元,并记入“长期借款”账户。该项工程目前尚未完工。另一张结算本月借入的流动资金贷款利息 1 530 元。两笔利息均从本公司账户中划转。

(74) 22 日,收到建设银行结算存款利息通知,本季度银行存款利息收入 5 942.40元已划转到本公司账户。

(75) 22 日,收到工商银行结算存款利息通知,本季度银行存款利息收入 1 389.59元已划转到本公司账户。

(76) 22 日,填制还款凭证,归还流动资金借款 200 000 元。该项借款本年度 9 月 22 日向工商银行借入,今日到期,利息已于同日业务(72)结清。

要求:填制贷款还款凭证(放款户账号:390068974326)。

(77) 23日，收到建设银行转来自来水公司专用托收凭证，支付款项共计7 040.05元。已从自来水公司取得的增值税专用发票列明水费6 835元和增值税205.05元。本公司当即按以下固定比例进行分配：加工车间34%，变压器车间28%，装配车间18%，机修车间8%，行政管理部门12%。

要求：编制水费分配表。

(78) 23日，收到建设银行转来供电局专用托收凭证，支付款项共计41 133.60元。已从供电局取得的增值税专用发票列明电费35 460元和增值税5 673.60元。本公司当即按以下固定比例进行分配：加工车间35%，变压器车间28%，装配车间20%，机修车间7%，行政管理部门10%。

要求：编制电费分配表。

(79) 23日，行政管理科杨哲为车间购买办公用品，增值税专用发票列明价款1 062.40元和税额170元。其中加工车间应负担107.90元，变压器车间应负担426.70元，装配车间应负担527.80元。出纳以现金付讫。该科室有定额备用金1 000元。

(80) 23日，签发建设银行转账支票1张，金额为30 763.32元，预付明年全年财产保险费24 568.68元和机动车辆保险费6 194.64元。收到太平洋保险公司开出的增值税专用发票。

要求：签发转账支票，号码CE003977。

(81) 24日，开给石家庄旅行车厂增值税专用发票(号码0069734)，货已发出。

200型焊机　15台　价款　120 000元　税额　19 200元

250型焊机　14台　价款　140 000元　税额　22 400元

收到对方交来银行汇票1张，金额为301 600元，送存建设银行。

要求：填制进账单。

(82) 24日，向鲁北电子器材厂购入焊枪100把，不含增值税单价为345元。增值税专用发票列明价款34 500元和税额5 520元。签发建设银行转账支票1张，支付货款40 020元，货已验收入库。

要求：签发转账支票，号码CE003978；

填制收料单。

(83) 24日，行政管理科领用汽油820升，供行政部门轿车使用。

要求：填制领料单。

(84) 24日，通过工商银行采用信汇方式，偿付上月所欠石家庄永安金属材料公司25吨钢板货款，共计146 835元。

要求：填制信汇凭证。

(85) 25日，装配车间领用扳手40把，作为生产工具使用。

要求：填制领料单。

(86) 25日，签发建设银行转账支票1张，支付广告费101 760元，收到海昌广告公司开出的增值税专用发票。

要求：签发转账支票，号码CE003979。

(87) 25日，全部转让作为交易性金融资产核算的股票(东大股份)50 000股，收到交割凭证1张，列示成交金额668 800元，佣金2 145.30元，实际得款666 654.70元，划转资金账户。该批股票账面价值为606 000元。

(88) 28日，收到兴达机电设备公司交来转账支票1张，金额为329 440元，系偿还本月3日购货所欠货款。将支票送存建设银行。

要求：填制进账单。

(89) 28日，开给红星机电设备公司增值税专用发票(号码0069735)，货已发出。

160型焊机　20台　价款　140 000元　税额　22 400元

250型焊机　25台　价款　250 000元　税额　40 000元

收到对方签发的银行承兑汇票1张，金额为452 400元。

(90) 29日，购买建设银行空白支票，支付银行工本费以及手续费共计216.50元。

(91) 29日，摊销非专利技术的价值2 500元。

(92) 29日，根据“预付费用摊销表”，摊销以前预付本月负担的财产保险费1 964.50元、机动车辆保险费487元以及报刊订阅费426元。

(93) 29日，根据设备管理科提供的“房屋、设备折旧计算汇总表”，计提本月相关资产折旧共计38 857.10元。其中加工车间7 569.81元；变压器车间9 686.66元；装配车间1 421.64元；机修车间899.06元；行政管理部门18 111.47元；出租房屋1 168.46元。

(94) 30日，签发建设银行转账支票1张，金额为70 516.40元，支付给济南市钢材市场。系偿还本月14日购货所欠货款。

要求：签发转账支票，号码CE003980。

(95) 30日，通过建设银行缴纳上月应交未交房产税1 000元(滞纳税款)，并从本月11日起，按日支付滞纳税款2‰的滞纳金40元。收到房产税和滞纳金缴款书收据联。

(96) 30日，签发建设银行转账支票1张，支付本月招待客户就餐费9 497.60元，收到梅园饭店开出的增值税普通发票。

要求：签发转账支票，号码CE003981。

(97) 30日，经分管副经理审核批准，对绝缘漆和稀释剂的盘亏损失作转销的账务处理。

(98) 30日,行政管理科杨哲为装配车间购买办公用品,增值税专用发票列明价款8 970元和税额1 435.20元,款项尚未支付。

(99) 30日,签发建设银行转账支票1张,支付法律顾问咨询费15 900元,收到振华律师事务所开出的增值税专用发票。

要求:签发转账支票,号码CE003982。

(100) 31日,加工车间办理假退料手续,退钢板1.3吨。其中0.6吨用于生产160型机壳;0.3吨用于生产200型机壳;0.4吨用于生产250型机壳。

要求:填制退料单。

(101) 31日,根据本月收料单对各类材料入库情况进行汇总,分类结转入库材料的计划成本及材料成本差异。

要求:编制收料凭证汇总表。

(102) 31日,根据本月收料凭证汇总表以及"原材料"、"低值易耗品"、"材料成本差异"等明细账户记录,计算各类材料本月成本差异率。

要求:编制原材料、低值易耗品成本差异率计算表(差异率计算精确到0.001)。

(103) 31日,根据本月领料单及退料单对各类材料发出情况进行汇总,分类结转发出材料的计划成本以及应分摊的成本差异。同时结转本月盘亏绝缘漆及稀释剂应分摊的成本差异。低值易耗品均采用一次转销法。

要求:编制发料凭证汇总表;

登记各车间产品成本计算表。

(104) 31日,根据本月"工资结算汇总表"[业务(46)]、"各项保险费、公积金、经费计算表"[业务(49)]、"力峰焊接设备有限公司职工费用报销单"[业务(5)]、"力峰焊接设备有限公司职工生活困难补助申请单"[业务(28)]等支付职工薪酬的原始资料,对应付职工薪酬进行汇总,并根据所提供的本月产品工时资料,在有关产品之间进行应付职工薪酬的分配。各车间本月产品工时资料如下:

加工车间:160型机壳　670工时;200型机壳　716工时;250型机壳　1 090工时。

变压器车间:160型变压器　3 308工时;200型变压器　3 877工时;250型变压器　4 220工时。

装配车间:160型焊机　3 134工时;200型焊机　3 582工时;250型焊机　4 478工时。

要求:编制应付职工薪酬汇总分配计算表;

登记各车间产品成本计算表。

(105) 31日,按修理工时分配结转本月机修车间发生的生产费用,其中加工车间785工时,变压器车间943工时,装配车间314工时,行政管理部门470工时,建造厂房工程631工时。

要求：编制辅助生产成本分配表。

(106) 31日，按本月产品工时分配结转加工车间、变压器车间和装配车间的制造费用。

要求：编制各车间制造费用分配表，本月产品工时资料见业务(104)；

登记各车间产品成本计算表。

(107) 31日，计算并结转本月加工车间完工自制半成品的成本，月末在产品成本按约当产量法计算。本月投产160型机壳90套，完工86套；投产200型机壳85套，完工90套；投产250型机壳86套，完工90套。月末在产品加工程度为50%，材料随加工进度分次投料。

要求：编制完成加工车间产品成本计算表。

(108) 31日，计算并结转本月变压器车间完工自制半成品的成本，月末在产品成本按约当产量法计算。本月投产160型变压器85台，完工88台；投产200型变压器94台，完工90台；投产250型变压器92台，完工94台。月末在产品加工程度为50%，材料随加工进度分次投料。

要求：编制完成变压器车间产品成本计算表。

(109) 31日，采用全月一次加权平均法，计算并结转装配车间领用自制半成品的成本。本月自制半成品的领用数量如下：

160型机壳	91套	200型机壳	83套	250型机壳	94套
160型变压器	91台	200型变压器	83台	250型变压器	94台

要求：编制自制半成品领用明细表；

登记装配车间产品成本计算表。

(110) 31日，计算并结转本月装配车间完工产成品的成本，月末在产品成本按约当产量法计算。本月投产160型焊机91台，完工90台；投产200型焊机83台，完工85台；投产250型焊机94台，完工85台。月末在产品加工程度为60%，自制半成品和原材料均为一次投料。

要求：编制完成装配车间产品成本计算表；

登记产成品收、发、存月报表。

(111) 31日，采用全月一次加权平均法，结转各产品销售成本(包括对外捐赠的1台160型焊机成本)。

要求：编制完成产成品收、发、存月报表。

(112) 31日，分别按销售产品、出租房屋应交增值税(销项税额减进项税额)的7%计征城市维护建设税，3%计征教育费附加，其他各项附加费略。

要求：编制税金及附加计算表。

(113) 31日，计算并结转本月应交未交的增值税。

要求：填制增值税纳税申报表（纳税人登记号：370102345600123）。

（114）31日，将预收金泰公司本月房租20 000元转为本月租金收入。

（115）31日，计算并结转本月应交房产税和城镇土地使用税。

本月应计房产税：

自用房屋：房产账面原值×（1－扣除率20%）×年税率1.2%÷12

本公司自用房屋账面原值为2 867 500元

出租房屋：月租金收入×税率12%

本月应计城镇土地使用税：年税额5元/平方米×4 800平方米÷12

（116）31日，分别按应收账款和其他应收款年末余额，提取本年应计提的坏账准备金，提取比例为5‰。其他各类资产均未发生减值。

（117）31日，将损益类各账户余额结转到"本年利润"账户，并计算本月利润总额。

（118）31日，对本月利润总额进行纳税调整，按25%的税率计算并结转应交所得税，最后将"所得税费用"账户余额结转到"本年利润"账户。

本公司1至11月份累计职工薪酬2 748 635.20元，属于按照企业所得税法规定允许税前列支的职工薪酬支出。

本公司1至11月份累计主营业务收入18 493 400元，1至11月份累计其他业务收入568 200元，1至11月份累计业务招待费135 790元。[注：《中华人民共和国企业所得税法实施条例》第四十三条规定，企业发生的与生产经营活动有关的业务招待费支出，按照发生额的60%扣除，但最高不得超过当年销售（营业）收入的5‰。]

本公司1至11月份无其他应纳税调整事项，所有纳税调整事项均在12月份进行，年末无暂时性差异。

要求：填制所得税纳税申报表（年初未交所得税额87 386元，1至11月份累计已交所得税额619 038.10元）。

（119）31日，计算全年净利润，并将"本年利润"账户余额转入"利润分配——未分配利润"账户。

（120）31日，根据股东大会决议，分别按全年净利润的10%提取法定盈余公积，10%提取任意盈余公积。同时按出资比例向投资方分配现金股利1 000 000元，尚未发放。

（121）31日，将"利润分配"其余各明细账户的余额，转入"利润分配——未分配利润"账户。

六　经济业务发生的原始凭证

经济业务(1)

中国建设银行现金支票存根(鲁)

DF005645

科　　目________

对方科目________

出票日期　　年　月　日

收款人：	
金　额：	
用　途：	

单位主管　　会计

中国建设银行　现金支票　(鲁)　DF005645

本支票付款期限十天

出票日期(大写)　　年　　月　　日　付款行名称：

收款人：　　　　　　　　　　　　出票人账号：

人民币(大写)	亿	千	百	十	万	千	百	十	元	角	分

用途________

上列款项请从

我账户内支付

出票人签章

科目(借)__________

对方科目(贷)__________

付讫日期　　年　月　日

出纳　　复核　　记账

贴对号单处　DF005645

经济业务(2)

中国建设银行　转账支票　(鲁)　XV01479099

本支票付款期限十天

出票日期(大写)贰零壹捌年壹拾贰月零壹日　　付款行名称:建设银行开发区支行

收款人:力峰焊接设备有限公司　　出票人账号:541265128926

人民币(大写)	亿	千	百	十	万	千	百	十	元	角	分
壹拾叁万玖仟贰佰元整			¥	1	3	9	2	0	0	0	0

用途　货款

上列款项请从

我账户内支付

出票人签章

顺通钢厂　财务专用章

李华国印

科目(借)__________

对方科目(贷)__________

转账日期　　年　月　日

复核　　记账

山东增值税专用发票

全国统一发票监制章 山东 国家税务总局监制

3700186540　　　　　　　　　　　　　　　　　　№ 0069725

记　账　联

开票日期：2018年12月01日

购买方	名　　称：顺通钢窗厂 纳税人识别号：370102723804596 地　址、电　话：济南市工业南路67号　0531－88596470 开户行及账号：建设银行开发区支行　541265128926	密码区	5＋6<96－＊<5599>2＊90631　加密版本：01 7<3>67－672>＊2＊<4>－7/＊　3700092130 －＊77<62－9</28＋941－3－9　0069725 4>5352/>4637－94－>>>＊0

货物或应税劳务、服务名称	规格型号	单位	数量	单价	金　额	税率	税　额
焊机	200	台	15	8 000.00	120 000.00	16%	19 200.00
合　　计					￥120 000.00		￥19 200.00
价税合计（大写）	⊗壹拾叁万玖仟贰佰元整				（小写）　￥139 200.00		

销售方	名　　称：力峰焊接设备有限公司 纳税人识别号：370102345600123 地　址、电　话：济南市山大北路128号　0531－88667722 开户行及账号：建设银行和平里支行　370016168972	备注	力峰焊接设备有限公司 税号：370102345600123 发票专用章

第一联：记账联　销售方记账凭证

收款人：陈斐　　　　复核：李志　　　　开票人：陈斐　　　　销货单位：（章）

中国建设银行
China Construction Bank

进账单（回　单）　　　1

年　　月　　日

出票人	全　　称		收款人	全　　称	
	账　　号			账　　号	
	开户银行			开户银行	

		亿	千	百	十	万	千	百	十	元	角	分
金额	人民币（大写）											

票据种类		票据张数		
票据号码				
复核　　记账				开户银行签章

此联是开户银行交给持（出）票人的回单

经济业务(3)

力峰焊接设备有限公司
外埠出差报销单

2018 年 12 月 1 日

出差人姓名	刘勇	工作部门	技术科	预借金额	1 000.00
出差事由	参加会议	出差日期	11 月 26 日到 11 月 30 日	返回金额	64.00
出差地点	杭州	出差天数	5 天	应补金额	—

起程					到达					车船费		在途伙食津贴		通宵乘车补贴			住勤伙食补贴			住宿费	市内交通费	其他费用	
月	日	时	分	地点	月	日	时	分	地点	交通工具	金额	人/天	金额	票价	%	补贴	人/天	每天标准补助	金额			项目	金额
11	26	17	45	济南	11	27	9	16	杭州	火车	270.00						1/5	15.00	75.00	300.00	21.00		
11	29	19	26	杭州	11	30	10	50	济南	火车	270.00												
合计金额	(小写)¥936.00元 各项费用小计									540.00							75.00			300.00	21.00		
	(大写)玖佰叁拾陆元整																						

现金付讫

审核:洪梅　出纳:常江　部门主管:朱茜　报销人:刘勇

收　　据

No. 4361565

年　　月　　日

交款单位＿＿＿＿＿＿＿＿＿＿＿＿＿＿＿＿＿＿＿＿

人民币(大写)＿＿＿＿＿＿＿＿＿＿＿＿＿＿＿＿　　¥＿＿＿＿＿＿　③

系　　付＿＿＿＿＿＿＿＿＿＿＿＿＿＿＿＿＿＿＿＿

记账联

现　金	
支　票	
付　委	

收款单位(盖章有效)　　　财务＿＿＿＿　　经手人＿＿＿＿

经济业务(4)

山东增值税专用发票

3700186540　　　　　　№ 03553213

发　票　联

开票日期:2018 年 12 月 01 日

购买方	名　　称:力峰焊接设备有限公司 纳税人识别号:370102345600123 地 址 、电 话:济南市山大北路 128 号　0531－88667722 开户行及账号:建设银行和平里支行　370016168972	密码区	7＋6＜96－＊＜4257＞2＊90631　加密版本:01 7＜3＞67－672＞＊2＊＜4＞－7/＊　3700099130 －＊77＜62－9＜/28＋941－3－9　03553213 4＞5352/＞4637－94－＞＞＞＊0

货物或应税劳务、服务名称	规格型号	单位	数量	单价	金　额	税率	税　额
万向轮		只	1 000	4.20	4 200.00	16%	672.00
气管		米	3 000	1.05	3 150.00	16%	504.00
气阀		个	300	45.60	13 680.00	16%	2 188.80
合　计					¥21 030.00		¥3 364.80
价税合计(大写)	⊗贰万肆仟叁佰玖拾肆元捌角整				(小写)　¥24 394.80		

销售方		备注	
销售方	名　　称:华升机电设备公司 纳税人识别号:370102893400056 地 址 、电 话:济南市花园路 9 号　0531－87905566 开户行及账号:工商银行历城支行 390006844456	备注	华升机电设备公司 税号:370102893400056 发票专用章

收款人:王健　　　复核:吴庆　　　开票人:王健　　　销货单位:(章)

第三联:发票联　购买方记账凭证

中国建设银行
转账支票存根(鲁)

CE003962

科 目______

对方科目______

出票日期 年 月 日

收款人:

金 额:

用 途:

单位主管 会计

本支票付款期限十天

中国建设银行 转账支票 (鲁) CE003962

出票日期(大写) 年 月 日 付款行名称:

收款人: 出票人账号:

人民币(大写)	亿	千	百	十	万	千	百	十	元	角	分

用途______

上列款项请从

我账户内支付

出票人签章

科目(借)______

对方科目(贷)______

转账日期 年 月 日

复核 记账

收 料 单

No. 2097238

供货单位:______

发票号码:______ 年 月 日 收货仓库:______

材料类别	名称及规格	计量单位	数量		实际成本		计划成本		差异
			应收	实收	单价	金额	单价	金额	

记账联

质量检验: 收料: 制单:

经济业务(5)

力峰焊接设备有限公司
费用报销单

No. 0005526

2018 年 12 月 2 日

请详细写明报销内容

姓名	摘要	膳用金额	车费金额	其他费用金额
王强	11 月份幼托费			40 00
李力	11 月份幼托费			40 00
赵芳	11 月份幼托费			37 00
合计（大写）壹佰壹拾柒元整	合计			117 00
		¥117.00		

现金付讫

第一联　记账联

车间部门：装配车间　　审核：李庆　　制单：尹华　　收款：王强

济南市托儿所托费专用收据

B(03)No. 128758

姓名：王丽莉　　班级：托幼　　2018 年 11 月 26 日

收费项目	金额 百	十	元	角	分	济南市收费许可证字号	所属月份 11
托　费		8	0	0	0	No. 037180	备注：凭本收据报销托费　　元
搭伙费			1	5	0		

附：代办费

项　目	金额 十	元	角	分	本月应收天数	项　目	金额 十	元	角	分	上月应退天数
膳　费	4	5	2	0		退膳费					
点心费	1	8	8	0		退点心费		6	0	0	
其　他	5	5	0	0							
实收人民币（大写）	壹佰玖拾肆元伍角零分　¥194.50										

第二联　男方单位报销联

收款单位（公章）　济南市蓝天托儿所财务专用章　　经手人　孙霞　　退款领取人　王强

济南市托儿所托费专用收据

B(03)No. 828949

姓名:李勤　　班级:托幼　　　2018 年 11 月 26 日

收费项目	金额 百	十	元	角	分	济南市收费许可证字号	所属月份 11
托　费		8	0	0	0	No. 047116	备注:凭本收据报销托费　　元
搭伙费			1	5	0		

附:代办费

项　目	金额 十	元	角	分	本月应收天数	项　目	金额 十	元	角	分	上月应退天数
膳　费	4	8	5	0		退膳费					
点心费	2	1	0	0		退点心费					
其　他	5	5	0	0							
实收人民币(大写)	贰佰零拾陆元零角零分　¥206.00										

第二联　男方单位报销联

收款单位(公章)　济南市蓝天托儿所财务专用章　　经手人　郑芳　　退款领取人

济南市托儿所托费专用收据

B(03)No. 650140

姓名:孙乐　　班级:托幼　　　2018 年 11 月 28 日

收费项目	金额 百	十	元	角	分	济南市收费许可证字号	所属月份 11
托　费		7	4	0	0	No. 017035	备注:凭本收据报销托费　　元
搭伙费			1	5	0		

附:代办费

项　目	金额 十	元	角	分	本月应收天数	项　目	金额 十	元	角	分	上月应退天数
膳　费	3	3	8	0		退膳费					
点心费	1	5	7	0		退点心费					
其　他	6	1	0	0							
实收人民币(大写)	壹佰捌拾陆元零角零分　¥186.00										

第一联　女方单位报销联

收款单位(公章)　济南市大地托儿所财务专用章　　经手人　陈红　　退款领取人

经济业务(6)

河北增值税专用发票

1300184540　　　　　　　　　　　　　　　　№ 00701285

发 票 联

开票日期:2018年12月02日

购买方	名　　称:力峰焊接设备有限公司 纳税人识别号:370102345600123 地 址 、电 话:济南市山大北路128号　0531－88667722 开户行及账号:建设银行和平里支行　370016168972			密码区	－79397＋＞－－＋9＞687＞＋12＋ *2＞＋5057＞＜＋2＜5＜40－＞/9 39＞＋4*44＜2*60－/0*7270 1＞*＋＜470/47112686＞＞05		加密版本:01 1300093140 00701285
货物或应税劳务、服务名称	规格型号	单位	数量	单价	金 额	税率	税 额
钢板		吨	20	5 030.00	100 600.00	16%	16 096.00
角钢		吨	5	3 420.00	17 100.00	16%	2 736.00
合　计					¥117 700.00		¥18 832.00
价税合计(大写)	⊗壹拾叁万陆仟伍佰叁拾贰元整				(小写)¥136 532.00		
销售方	名　　称:石家庄永安金属材料公司 纳税人识别号:410892163050014 地 址 、电 话:石家庄市胜利路62号　0311－88473142 开户行及账号:农业银行石家庄市支行 13008920000123			备注			

收款人:　　　　复核:王峰　　　　开票人:郑元伟　　　　销货单位:(章)

第三联:发票联　购买方记账凭证

(印章:全国统一发票监制章 河北 国家税务总局监制;石家庄永安金属材料公司 发票专用章)

中国建设银行 转账支票存根(鲁) CE003963	中国建设银行　转账支票　(鲁)　CE003963
科　目______ 对方科目______ 出票日期　年　月　日	本支票付款期限十天 出票日期(大写)　年　月　日　付款行名称: 收款人:　出票人账号:
收款人: 金　额: 用　途:	人民币(大写)　亿 千 百 十 万 千 百 十 元 角 分
单位主管　会计	用途______　科目(借)______ 上列款项请从　对方科目(贷)______ 我账户内支付　转账日期　年　月　日 出票人签章　复核　记账

收　料　单

No. 2097239

供货单位:________

发票号码:________　　　　年　月　日　　　　收货仓库:________

材料类别	名称及规格	计量单位	数量		实际成本		计划成本		差异
			应收	实收	单价	金额	单价	金额	

记账联

质量检验:　　　　收料:　　　　制单:

山东增值税专用发票

全国统一发票监制章 山东 国家税务总局监制

3700186540　　　　№ 06437426

发　票　联

开票日期:2018年12月02日

购买方	
名　　称	力峰焊接设备有限公司
纳税人识别号	370102345600123
地址、电话	济南市山大北路128号　0531－88667722
开户行及账号	建设银行和平里支行　370016168972

密码区:

1627＜96－＊＜5599＞2＊90631

7＜3＞67－672＞＊2＊＜4＞－7/＊

－＊77＜62－9＜/28＋941－3－9

4＞5352/＞4639－94－＞＞＞＊0

加密版本:01

3700092160

06437426

货物或应税劳务、服务名称	规格型号	单位	数量	单价	金额	税率	税额
运输费	钢材	吨	25	74.40	1 860.00	10%	186.00
合　计					￥1 860.00		￥186.00

价税合计(大写)　⊗贰仟零肆拾陆元整　　(小写)　￥2 046.00

销售方	
名　　称	天桥运输公司
纳税人识别号	370111234500279
地址、电话	济南市复兴街76号　0531－87924368
开户行及账号	工商银行天桥支行　390030451256

备注:

天桥运输公司 税号:370111234500279 发票专用章

第三联:发票联　购买方记账凭证

收款人:李东　　复核:赵亮　　开票人:李东　　销货单位:(章)

经济业务(7)

中国建设银行
转账支票存根（鲁）

CE003964

科　　目______

对方科目______

出票日期　　年　月　日

收款人：	
金　额：	
用　途：	

单位主管　　　会计

中国建设银行　转账支票　（鲁）　CE003964

本支票付款期限十天

出票日期（大写）　　年　　月　　日　付款行名称：

收款人：　　　　　　　　　　　　　　出票人账号：

人民币（大写）	亿	千	百	十	万	千	百	十	元	角	分

用途______　　　　　　科目（借）______

上列款项请从　　　　　对方科目（贷）______

我账户内支付　　　　　转账日期　　年　月　日

出票人签章　　　　　　复核　　　记账

山东增值税专用发票

全国统一发票监制章　山东　国家税务总局监制

3700186540　　　　　　　　　　　　　№ 08972132

发　票　联

开票日期：2018年12月02日

购买方	名　　称：力峰焊接设备有限公司 纳税人识别号：370102345600123 地 址 、电 话：济南市山大北路128号　0531－88667722 开户行及账号：建设银行和平里支行　370016168972	密码区	7742<96－＊<5599>2＊90631 7<3>67－672>＊2＊<4>－7/＊ －＊77<62－9</28+941－3－9 4>5352/>4639－94－>>>＊0	加密版本：01 3700098796 08972132

货物或应税劳务、服务名称	规格型号	单位	数量	单价	金　额	税率	税　额
报刊杂志	2019/1～12	套	1	5 506.00	5 506.00	6%	330.40
合　　计					￥5 506.00		￥330.40
价税合计（大写）	⊗伍仟捌佰叁拾陆元肆角整				（小写）￥5 836.40		

销售方	名　　称：山大北路邮政分局 纳税人识别号：370102779723116 地 址 、电 话：济南市山大北路180号　0531－82350126 开户行及账号：工商银行山大北路支行　160202310973	备注	山大北路邮政分局 税号：370102779723116 发票专用章

收款人：孙阳　　　　复核：周林　　　　开票人：孙阳　　　　销货单位：（章）

第三联：发票联　购买方记账凭证

报刊订阅清单

报刊费发票第 08972132 号
之附件第 1 页共 1 页

订阅单位 力峰焊接设备有限公司

地　址

报纸
(自㊣费)

订阅单位经手人：胡　钢　　电话：88667722　　2018 年 12 月 2 日

分号	代号	报刊名称	起止订期	份数	月季价	合计款项	备注
1	1—1	人民日报	2019/1～12	1		433.20	
2	1—30	国际商报	2019/1～12	1		144.00	
3	3—1	大众日报	2019/1～12	10		2 160.00	
4	3—3	文汇报	2019/1～12	7		1 512.00	
5	3—31	组织人事报	2019/1～12	1		137.80	
6	3—42	新闻报	2019/1～12	1		816.00	
7	6—100	企业管理	2019/1～12	3		470.80	
8	4—329	上海会计	2019/1～12	2		162.60	
9							
0							
1							
2							
3							
4							
5							
6							
7							
8							
9							
0							
共　计(本页合计)8 种 26 份				金　额 5 836.40 元			

附注：1. 报纸、杂志分单填写各一式二份。
　　2. 本单不作收款凭证，收款以报刊费发票为凭。

邮政局复核 刘敏敏

2018 年 12 月 2 日

经济业务(8)

中国工商银行　转账支票　(鲁)　ED06270353

本支票付款期限十天

出票日期(大写)贰零壹捌年壹拾贰月零贰日　　付款行名称:工商银行燕东支行

收款人:力峰焊接设备有限公司　　出票人账号:390265128927

人民币(大写)	亿	千	百	十	万	千	百	十	元	角	分
壹拾叁万贰仟元整			¥	1	3	2	0	0	0	0	0

用途　房租　　科目(借)

上列款项请从　　对方科目(贷)

我账户内支付　　转账日期　年　月　日

出票人签章　　复核　　记账

金泰公司 财务专用章　　王浩

中国建设银行
China Construction Bank

进账单 (回　单)　1

年　月　日

出票人	全　称		收款人	全　称	
	账　号			账　号	
	开户银行			开户银行	

金额	人民币(大写)	亿	千	百	十	万	千	百	十	元	角	分

票据种类		票据张数		
票据号码				
复核　记账				开户银行签章

此联是开户银行交给持(出)票人的回单

山东增值税专用发票

3700186540 　　　　　　　　　　　　　　　　　　№ 0069726

记 账 联

开票日期:2018 年 12 月 02 日

购买方	名　　称:金泰公司 纳税人识别号:370102723804532 地 址 、电 话:济南市工业北路 67 号 0531－88596425 开户行及账号:工商银行燕东支行 390265128927			密码区	6697<96－＊<5599>2＊90631 7<3>67－672>＊2＊<4>－7/＊ －＊77<62－9</28+941－3－9 4>5352/>4637－94－>>>＊0		加密版本:01 3700092130 0069726
货物或应税劳务、服务名称	规格型号	单位	数量	单价	金 额	税率	税 额
房屋租金	2019/1～6		1	120 000.00	120 000.00	10%	12 000.00
合 计					¥120 000.00		¥12 000.00
价税合计(大写)	⊗壹拾叁万贰仟元整				(小写) ¥132 000.00		
销售方	名　　称:力峰焊接设备有限公司 纳税人识别号:370102345600123 地 址 、电 话:济南市山大北路 128 号 0531－88667722 开户行及账号:建设银行和平里支行 370016168972			备注	力峰焊接设备有限公司 税号:370102345600123 发票专用章		

收款人:陈斐 　　　复核:李志 　　　开票人:陈斐 　　　销货单位:(章)

第一联:记账联 销售方记账凭证

经济业务(9)

中国建设银行
China Construction Bank

银行汇(本)票申请书

鲁:00335354

币别: 　　　　　年 月 日 　　　　流水号:

收款单位	□银行汇票 □银行本票	付款方式	□转账 □现金
申请人		收款人	
账 号		账 号	
用 途		代理付款行	

金额	(大写)	亿	千	百	十	万	千	百	十	元	角	分

客户签章	

会计主管 　　　授权 　　　复核 　　　录入

第三联 客户回单

付款期限
壹个月

中国建设银行
银行汇票　2

Ⅲ00389620

出票日期（大写）　贰零壹捌年壹拾贰月零叁日

代理付款行：建行银行和平里支行　行号：0396

收款人：潍坊天龙机电设备公司	账号：360018189961
出票金额　人民币（大写）　壹拾伍万元整	
实际结算金额　人民币（大写）	千 百 十 万 千 百 十 元 角 分

申请人：力峰焊接设备有限公司　　账号：370016168972

出票行：建设银行和平里支行　行号：0396

备注：货款

凭票付款

出票行签章

建设银行和平里支行
业务章　2018.12.3

密押：	
多余金额	
千 百 十 万 千 百 十 元 角 分	复核　　记账

此联代理付款行付款后作联行往账借方凭证附件

付款期限
壹个月

中国建设银行
银行汇票（解讫通知）　3

Ⅲ00389620

出票日期（大写）　贰零壹捌年壹拾贰月零叁日

代理付款行：建行银行和平里支行　行号：0396

收款人：潍坊天龙机电设备公司	账号：360018189961
出票金额　人民币（大写）　壹拾伍万元整	
实际结算金额　人民币（大写）	千 百 十 万 千 百 十 元 角 分

申请人：力峰焊接设备有限公司　　账号：370016168972

出票行：建设银行和平里支行　行号：0396

备注：货款

代理付款行签章

建设银行和平里支行
业务章　2018.12.3

复核　　经办

密押：	
多余金额	
千 百 十 万 千 百 十 元 角 分	复核　　记账

此联代理付款行兑付后队随报单寄出票行，由出票行作多余款贷方凭证

经济业务(10)

中国建设银行 转账支票存根（鲁）

CE003965

科　　目＿＿＿＿＿＿

对方科目＿＿＿＿＿＿

出票日期　　年　月　日

收款人：	
金　额：	
用　途：	

单位主管　　　会计

中国建设银行　转账支票　（鲁）　CE003965

本支票付款期限十天

出票日期(大写)　　年　　月　　日　付款行名称：

收款人：　　　　　　　　　　出票人账号：

人民币（大写）	亿	千	百	十	万	千	百	十	元	角	分

用途＿＿＿＿　　　　　　科目(借)＿＿＿＿＿＿

上列款项请从　　　　　　对方科目(贷)＿＿＿＿＿＿

我账户内支付　　　　　　转账日期　　年　月　日

出票人签章　　　　　　　复核　　　记账

山东增值税专用发票

全国统一发票监制章 山东 国家税务总局监制

3700186540　　　　　　　　No 08973450

发　票　联

开票日期：2018年12月03日

购买方	名　　称：力峰焊接设备有限公司 纳税人识别号：370102345600123 地址、电话：济南市山大北路128号　0531－88667722 开户行及账号：建设银行和平里支行　370016168972	密码区	7742<96－＊<5599>2＊90631 7<3>67－672>＊2＊<4>－7/＊ －＊77<62－9</28＋941－3－9 4>5352/>4637－94－>>>＊0	加密版本：01 3700092796 08973450

货物或应税劳务、服务名称	规格型号	单位	数量	单价	金　额	税率	税　额
摊位费			1	5 000.00	5 000.00	6%	300.00
合　计					￥5 000.00		￥300.00
价税合计(大写)	⊗伍仟叁佰元整				（小写）￥5 300.00		

销售方	名　　称：山东产品交易会 纳税人识别号：370102779723560 地址、电话：济南市堤口路4号　0531－82350323 开户行及账号：工商银行堤口路支行　160202310969	备注	山东产品交易会 税号：370102779723560 发票专用章

收款人：李志丰　　　复核：王飞　　　开票人：李志丰　　　销货单位：(章)

第三联：发票联　购买方记账凭证

经济业务(11)

山东增值税专用发票

（印章：全国统一发票监制章 山东 国家税务总局监制）

3700186540　　　　　　　　　　　　No 08972475

发　票　联

开票日期:2018 年 12 月 03 日

购买方	名　　称:力峰焊接设备有限公司 纳税人识别号:370102345600123 地 址 、电 话:济南市山大北路 128 号　0531－88667722 开户行及账号:建设银行和平里支行　370016168972	密码区	7742<96－*<5599>2*90631 7<3>67－672>*2*<4>－7/* －*77<62－9</28+941－3－9 4>5352/>4639－94－>>>*0

加密版本:01　3700097423　08972475

货物或应税劳务、服务名称	规格型号	单位	数量	单价	金额	税率	税额
培训费			1	800.00	800.00	6%	48.00
合　计					￥800.00		￥48.00
价税合计(大写)	⊗捌佰肆拾捌元整				(小写)　￥848.00		

销售方	名　　称:信和财会培训学校 纳税人识别号:370102779723166 地 址 、电 话:济南市堤口路 262 号　0531－82351423 开户行及账号:农业银行堤口路支行　160202310367	备注	（印章：信和财会培训学校 税号:370102779723166 发票专用章）

收款人:王月　　　复核:刘岩　　　开票人:王月　　　销货单位:(章)

第三联:发票联　购买方记账凭证

力峰焊接设备有限公司
费用报销单

No. 0005527

2018 年 12 月 3 日

请详细写明报销内容

姓名	摘要	膳用金额	车费金额	其他费用金额
董斌	参加业务培训学费			848 00
合计(大写)	捌佰肆拾捌元整	合计		￥848 00
		￥848.00		

（印章：现金付讫）

第一联　记账联

车间部门:财务科　　审核朱茜　　制单:刘方　　收款:董斌

经济业务(12)

收　料　单

No. 2097240

供货单位：________

发票号码：________　　　　年　月　日　　　　收货仓库：________

材料类别	名称及规格	计量单位	数量		实际成本		计划成本		差异
			应收	实收	单价	金额	单价	金额	

记账联

质量检验：　　　　收料：　　　　制单：

经济业务(13)

领　料　单

No. 009211

领料部门：　　　　年　月　日　　　　发料仓库：

材料类别	名称及规格	计量单位	数量	计划单价	金额	用途

仓库主管：　　　　发料人：　　　　领料部门主管：　　　　领料人：

经济业务(14)

领　料　单

No. 009212

领料部门：　　　　　　　　　年　月　日　　　　发料仓库：

材料类别	名称及规格	计量单位	数量	计划单价	金额	用途

仓库主管：　　　　发料人：　　　　　领料部门主管：　　　　领料人：

经济业务(15)

山东增值税专用发票

全国统一发票监制章 山东 国家税务总局监制

3700186540　　　　　　　　№ 0069727

记　账　联

开票日期：　2018 年 12 月 03 日

购买方	名　　　称：兴达机电设备公司 纳税人识别号：370101766903267 地 址 、电 话：济南市堤口路 146 号　0531－87426430 开户行及账号：建设银行天桥支行　563874263796	密码区	6433＜96－＊＜5599＞2＊90631 7＜3＞67－672＞＊2＊＜4＞－7/＊ －＊77＜62－9＜/28＋941－3－9 4＞5352/＞4637－94－＞＞＞＊0
			加密版本：01 3700092130 0069727

货物或应税劳务、服务名称	规格型号	单位	数量	单价	金　额	税率	税　额
焊机	160	台	20	7 000.00	140 000.00	16%	22 400.00
焊机	200	台	18	8 000.00	144 000.00	16%	23 040.00
合计					￥284 000.00		￥45 440.00
价税合计(大写)	⊗叁拾贰万玖仟肆佰肆拾元整				(小写)　￥329 440.00		

销售方	名　　　称：力峰焊接设备有限公司 纳税人识别号：370102345600123 地 址 、电 话：济南市山大北路 128 号　0531－88667722 开户行及账号：建设银行和平里支行　370016168972	备注	力峰焊接设备有限公司 税号：370102345600123 发票专用章

收款人：　　　　　　复核：李志　　　　开票人：陈斐　　　　销货单位：(章)

第一联：记账联　销售方记账凭证

经济业务(16)

山东增值税专用发票

3700186540　　　　　　　　　　　　　　　　№ 23853216

发　票　联

开票日期:2018 年 12 月 03 日

购买方	名　称:力峰焊接设备有限公司 纳税人识别号:370102345600123 地址、电话:济南市山大北路 128 号　0531－88667722 开户行及账号:建设银行和平里支行　370016168972			密码区	3211<96－＊<5599>2＊90631 7<3>67－672>＊2＊<4>－7/＊ －＊77<62－9</28＋941－3－9 4>5352/>4637－94－>>>＊0		加密版本:01 3700091130 23853216
货物或应税劳务、服务名称	规格型号	单位	数量	单价	金　额	税率	税　额
油漆		公斤	700	7.10	4 970.00	16%	795.20
稀释剂		公斤	350	7.20	2 520.00	16%	403.20
螺丝螺帽		箱	30	132.00	3 960.00	16%	633.60
合计					￥11 450.00		￥1 832.00
价税合计(大写)	⊗壹万叁仟贰佰捌拾贰元整				（小写）　￥13 282.00		
销售方	名　称:金利建材公司 纳税人识别号:370102779723682 地址、电话:济南市解放路 180 号　0531－82350379 开户行及账号:招商银行解放路支行　290834278562			备注	济南金利建材公司 税号:370102779723682 发票专用章		

收款人:　　　　复核:李飞　　　　开票人:王亚林　　　　销货单位(章)

第三联:发票联　购买方记账凭证

收　料　单

No. 2097241

供货单位:________

发票号码:________　　　　年　月　日　　　　收货仓库:________

材料类别	名称及规格	计量单位	数量		实际成本		计划成本		差异
			应收	实收	单价	金额	单价	金额	

记账联

质量检验:　　　　收料:　　　　制单:

经济业务(17)

山东增值税专用发票

（印章：全国统一发票监制章 山东 国家税务总局监制）

3706184540　　　　　　　　　　　　　　　　№ 06423547

发　票　联

开票日期：2018 年 12 月 04 日

购买方	名　　　称：力峰焊接设备有限公司 纳税人识别号：370102345600123 地 址 、电 话：济南市山大北路 128 号　0531－88667722 开户行及账号：建设银行和平里支行　370016168972	密码区	7421<96－＊<5599>2＊90631 7<3>67－672>＊2＊<4>－7/＊ －＊77<62－9</28＋941－3－9 4>5352/>4637－94－>>>＊0	加密版本：01 3706092130 06423547

货物或应税劳务、服务名称	规格型号	单位	数量	单价	金　额	税率	税　额
漆包线		公斤	1 400	58.00	81 200.00	16%	12 992.00
绝缘板		公斤	700	49.00	34 300.00	16%	5 488.00
绝缘漆		公斤	500	19.40	9 700.00	16%	1 552.00
合计					￥125 200.00		￥20 032.00
价税合计(大写)	⊗壹拾肆万伍仟贰佰叁拾贰元整				（小写）　￥145 232.00		

销售方	名　　　称：潍坊天龙机电设备公司 纳税人识别号：370602779723682 地 址 、电 话：潍坊市人民路 180 号　0536－8235037 开户行及账号：中国银行奎文支行 410896334567	备注	（印章：潍坊天龙机电设备公司 税号：370602779723682 发票专用章）

收款人：王丽　　　　复核：赵军　　　　开票人：王丽　　　　销货单位：(章)

第三联：发票联　购买方记账凭证

收　料　单

No. 2097242

供货单位：________

发票号码：________　　　　年　月　日　　　　收货仓库：________

材料类别	名称及规格	计量单位	数量		实际成本		计划成本		差异
			应收	实收	单价	金额	单价	金额	

记账联

质量检验：　　　　　收料：　　　　　制单：

山东增值税专用发票

3700186540　　　　发票联　　　　№ 08475310

开票日期：2018 年 12 月 04 日

购买方	名　称：力峰焊接设备有限公司 纳税人识别号：370102345600123 地 址、电 话：济南市山大北路 128 号　0531－88667722 开户行及账号：建设银行和平里支行　370016168972			密码区	1627<96－＊<5599>2＊90631 7<3>67－672>＊2＊<4>－7/＊ －＊77<62－9</28+941－3－9 4>5352/>4637－94－>>>＊0		加密版本：01 3700094271 08475310
货物或应税劳务、服务名称	规格型号	单位	数量	单价	金　额	税率	税　额
运输费		公斤	2 600	0.186	483.60	10%	48.40
合　计					￥483.60		￥48.40
价税合计（大写）	⊗伍佰叁拾贰元整				（小写）￥532.00		
销售方	名　称：阳光运输公司 纳税人识别号：370111234500726 地 址、电 话：济南市营市街 76 号　0531－87924026 开户行及账号：工商银行槐荫支行　390030451277			备注	阳光运输公司 税号：370111234500726 发票专用章		

第三联：发票联　购买方记账凭证

收款人：马军　　　　复核：张晶　　　　开票人：马军　　　　销货单位：（章）

经济业务（18）

中国建设银行 转账支票存根（鲁） CE003966	本支票付款期限十天	中国建设银行　转账支票　（鲁）　CE003966
科　目＿＿＿＿ 对方科目＿＿＿＿ 出票日期　年　月　日 收款人： 金　额： 用　途： 单位主管　　会计		出票日期（大写）　年　月　日　付款行名称： 收款人：　　出票人账号： 人民币（大写）　亿 千 百 十 万 千 百 十 元 角 分 用途＿＿＿＿　　科目（借）＿＿＿＿ 上列款项请从　　对方科目（贷）＿＿＿＿ 我账户内支付　　转账日期　年　月　日 出票人签章　　复核　　记账

山东增值税专用发票

3700186540　　　　　　　　　　　　　　　　№ 08475272

发　票　联

开票日期:2018 年 12 月 04 日

购买方	名　　称:力峰焊接设备有限公司 纳税人识别号:370102345600123 地 址 、电 话:济南市山大北路 128 号　0531－88667722 开户行及账号:建设银行和平里支行　370016168972				密码区	1627<96－＊<5599>2＊90631 7<3>67－672>＊2＊<4>－7/＊ －＊77<62－9</28+941－3－9 4>5352/>4637－94－>>>＊0		加密版本:01 3700093130 08475272
货物或应税劳务、服务名称	规格型号	单位	数量	单价	金　额		税率	税　额
木箱		只	300	110.00	33 000.00		16%	5 280.00
合　计					¥33 000.00			¥5 280.00
价税合计(大写)	⊗叁万捌仟贰佰捌拾元整					(小写)　¥38 280.00		
销售方	名　　称:槐荫木材加工厂 纳税人识别号:370111234500456 地 址 、电 话:济南市大槐树街 76 号　0531－87924390 开户行及账号:工商银行槐荫支行　390030451234				备注	槐荫木材加工厂 税号:370111234500456 发票专用章		

第三联:发票联　购买方记账凭证

收款人:孙杰　　　　复核:王文华　　　　开票人:孙杰　　　　销货单位(章)

收　料　单

No. 2097243

供货单位:________

发票号码:________　　　　年　月　日　　　　收货仓库:________

材料类别	名称及规格	计量单位	数量		实际成本		计划成本		差异
			应收	实收	单价	金额	单价	金额	

记账联

质量检验:　　　　收料:　　　　制单:

经济业务(19)

领　料　单

No. 009213

领料部门：　　　　　　　　　　年　月　日　　　　发料仓库：

材料类别	名称及规格	计量单位	数量	计划单价	金额	用途

仓库主管：　　　　发料人：　　　　领料部门主管：　　　　领料人：

经济业务(20)

领　料　单

No. 009214

领料部门：　　　　　　　　　　年　月　日　　　　发料仓库：

材料类别	名称及规格	计量单位	数量	计划单价	金额	用途

仓库主管：　　　　发料人：　　　　领料部门主管：　　　　领料人：

领　料　单

No. 009215

领料部门：　　　　　　　　年　月　日　　　　发料仓库：

材料类别	名称及规格	计量单位	数量	计划单价	金额	用途

仓库主管：　　　发料人：　　　领料部门主管：　　　领料人：

领　料　单

No. 009216

领料部门：　　　　　　　　年　月　日　　　　发料仓库：

材料类别	名称及规格	计量单位	数量	计划单价	金额	用途

仓库主管：　　　发料人：　　　领料部门主管：　　　领料人：

经济业务(21)

付款期限
壹个月

中国建设银行

银行汇票(多余款收账通知)　4

Ⅲ00389620

出票日期(大写)　贰零壹捌年壹拾贰月零叁日

代理付款行:建设银行和平里支行　行号:0396

收款人:潍坊天龙机电设备公司	账号:360018189961										
出票金额	人民币(大写) 壹拾伍万元整										
实际结算金额	人民币(大写) 壹拾肆万伍仟贰佰叁拾贰元整	千	百	十	万	千	百	十	元	角	分
			¥	1	4	5	2	3	2	0	0

此联出票行结清多余款后交申请人

申请人:力峰焊接设备有限公司　账号:370016168972

出票行:建设银行和平里支行　行号:0396

备注:货款

出票行签章　建设银行和平里支行 业务章 2018.12.7

年　月　日

密押:										左列退回多余金额已收入你账户内。
多余金额										
千	百	十	万	千	百	十	元	角	分	
			¥	4	7	6	8	0	0	

经济业务(22)

银行承兑汇票(存根)　3

Ⅳ03474527

出票日期(大写)　年　月　日

出票人全称		收款人	全称		
出票人账号			账号		
付款行全称			开户银行		
出票金额	人民币(大写)	亿千百十万千百十元角分			
汇票到期日(大写)		付款行	行号		
承兑协议编号			地址		
		备注:			

此联由出票人存查

山东增值税专用发票

全国统一发票监制章 山东 国家税务总局监制

3700186540　　　　　　　　　　　　　　　　　No 08435416

发　票　联

开票日期：2018 年 12 月 07 日

购买方	名　　称：力峰焊接设备有限公司 纳税人识别号：370102345600123 地 址 、电 话：济南市山大北路 128 号　0531－88667722 开户行及账号：建设银行和平里支行　370016168972	密码区	9326<96－＊<5599>2＊90631　加密版本：01 7<3>67－672>＊2＊<4>－7/＊　3700097130 －＊77332－9</28+941－3－9　08435416 4>5352/>4637－94－>>>＊0

货物或应税劳务、服务名称	规格型号	单位	数量	单价	金　额	税率	税　额
硅钢片		公斤	1 800	54.00	97 200.00	16%	15 552.00
玻璃丝包线		公斤	2 000	67.00	134 000.00	16%	21 440.00
控制配件		套	200	705.00	141 000.00	16%	22 560.00
合　计					￥372 200.00		￥59 552.00
价税合计（大写）	⊗肆拾叁万壹仟柒佰伍拾贰元整				（小写）￥431 752.00		

销售方	名　　称：黄河电子器材厂 纳税人识别号：370104554103271 地 址 、电 话：济南市堤口路 167 号　0531－87963240 开户行及账号：工商银行天桥支行　360019195332	备注	黄河电子器材厂 税号：370104554103271 发票专用章

收款人：　　　　复核：孙艳　　　　开票人：张东林　　　　销货单位：（章）

第三联：发票联　购买方记账凭证

收　料　单

No. 2097244

供货单位：________

发票号码：________　　　　年　月　日　　　　收货仓库：________

材料类别	名称及规格	计量单位	数量		实际成本		计划成本		差异
			应收	实收	单价	金额	单价	金额	

记账联

质量检验：　　　　收料：　　　　制单：

经济业务(23)

领　料　单

No. 009217

领料部门：　　　　　　年　月　日　　　　发料仓库：

材料类别	名称及规格	计量单位	数量	计划单价	金额	用途

仓库主管：　　　发料人：　　　　领料部门主管：　　　领料人：

领　料　单

No. 009218

领料部门：　　　　　　年　月　日　　　　发料仓库：

材料类别	名称及规格	计量单位	数量	计划单价	金额	用途

仓库主管：　　　发料人：　　　　领料部门主管：　　　领料人：

经济业务(24)

山东增值税专用发票

全国统一发票监制章 山东 国家税务总局监制

3700186540　　　　　　　　　　　　　　　　№ 0069728

记　账　联

开票日期：　2018 年 12 月 08 日

购买方	名　　称：天津消防器材厂 纳税人识别号：120102756403256 地 址 、电 话：天津市人民路 62 号　022－65357206 开户行及账号：工商银行河西支行　510314291603				密码区	2263＜96－＊＜5 599＞2＊90631 7＜3＞67－672＞＊2＊＜4＞－7/＊ －＊77＜62－9＜/28＋941－3－9 4＞5 352/＞4 637－94－＞＞＞＊0	加密版本：01 3700092130 0069728
货物或应税劳务、服务名称	规格型号	单位	数量	单价	金　额	税率	税　额
焊机	160	台	16	7 000.00	112 000.00	16%	17 920.00
焊机	200	台	12	8 000.00	96 000.00	16%	15 360.00
合计					￥208 000.00		￥33 280.00
价税合计(大写)	⊗贰拾肆万壹仟贰佰捌拾元整				(小写)　￥241 280.00		
销售方	名　　称：力峰焊接设备有限公司 纳税人识别号：370102345600123 地 址 、电 话：济南市山大北路 128 号　0531－88667722 开户行及账号：建设银行和平里支行　370016168972				备注	力峰焊接设备有限公司 税号：370102345600123 发票专用章	

第一联：记账联　销售方记账凭证

收款人：　　　　复核：李志　　　　开票人：陈斐　　　　销货单位(章)

经济业务(25)

领　料　单

No. 009219

领料部门：　　　　　　　年　月　日　　　　发料仓库：

材料类别	名称及规格	计量单位	数量	计划单价	金额	用途

仓库主管：　　　发料人：　　　　领料部门主管：　　　　领料人：

领　料　单

No. 009220

领料部门：　　　　　　　　年　月　日　　　　发料仓库：

材料类别	名称及规格	计量单位	数量	计划单价	金额	用途

仓库主管：　　　　发料人：　　　　领料部门主管：　　　　领料人：

经济业务(26)

领　料　单

No. 009221

领料部门：　　　　　　　　年　月　日　　　　发料仓库：

材料类别	名称及规格	计量单位	数量	计划单价	金额	用途

仓库主管：　　　　发料人：　　　　领料部门主管：　　　　领料人：

经济业务(27)

力峰焊接设备有限公司暂支单

2018 年 12 月 8 日　　　　编号 0146

受款人	李刚		
暂支事由	预支赴上海开会差旅费　现金付讫		
暂支金额	人民币贰仟元整　　￥2 000.00		
预计归还日期	2018 年 12 月 14 日	科目	其他应收款

财会主管　　记账　　出纳 常江　　部门主管 沈芝灵　　制单 李刚

受款人签收 李刚

经济业务(28)

力峰焊接设备有限公司职工生活困难补助申请单

编号 2073

部门	行政管理科	姓名	周峰	本人工资收入	1 120.00	家庭其他人员收入	680.00
补助原因	妻子病后休养在家，收入减少，而医药费、营养费等支出增加，造成家庭生活一时困难。 现金付讫					补助性质	定期　临时补助
						申请金额	人民币伍佰元整
部门意见	建议临时补助伍佰元整。 冯玉珍 2018 年 12 月 8 日	公司工会意见	同意。 李丽芳 2018 年 12 月 9 日			代收据	今 收 到 困难补助费 人民币伍佰元整 领款人(签字)：周峰 2018 年 12 月 9 日

经济业务(29)

领 料 单

No. 009222

领料部门：　　　　　　　　年　月　日　　　　发料仓库：

材料类别	名称及规格	计量单位	数量	计划单价	金额	用途

仓库主管：　　　发料人：　　　　领料部门主管：　　　　领料人：

经济业务(30)

领 料 单

No. 009223

领料部门：　　　　　　　　年　月　日　　　　发料仓库：

材料类别	名称及规格	计量单位	数量	计划单价	金额	用途

仓库主管：　　　发料人：　　　　领料部门主管：　　　　领料人：

领　料　单

No. 009224

领料部门：　　　　　　　　　年　月　日　　　　发料仓库：

材料类别	名称及规格	计量单位	数量	计划单价	金额	用途

仓库主管：　　　发料人：　　　　领料部门主管：　　　领料人：

领　料　单

No. 009225

领料部门：　　　　　　　　　年　月　日　　　　发料仓库：

材料类别	名称及规格	计量单位	数量	计划单价	金额	用途

仓库主管：　　　发料人：　　　　领料部门主管：　　　领料人：

经济业务(31)

领 料 单

No. 009226

领料部门： 年 月 日 发料仓库：

材料类别	名称及规格	计量单位	数量	计划单价	金额	用途

仓库主管： 发料人： 领料部门主管： 领料人：

经济业务(32)

借款凭证(回 单) ③

单位编号:A005 日期:2018年12月9日 银行编号:0396

此联系核定放款回单代借款单位往来户收款通知

借款人	名称	力峰焊接设备有限公司	收款人	名称	力峰焊接设备有限公司
借款人	放款户账号	370016161234	收款人	往来户账号	370016168972
借款人	开户银行	建设银行和平里支行	收款人	开户银行	建设银行和平里支行
借款期限(最后还款日)		2019年3月9日	借款计划指标		
借款申请金额		人民币(大写)：伍拾万元整			¥500000.00
借款原因及用途		生产经营周转用	银行核定金额：		¥500000.00

千	百	十	万	千	百	十	元	角	分
	¥	5	0	0	0	0	0	0	0

期限	计划还款日期	√	计划还款金额		期次	还款日期	还款金额	结欠
1	2019年3月9日		500 000.00	分次还款记录				
2								
3								
4								

备注：

上述借款业已同意贷给并转入你单位往来户账,借款到期时应按期归还。此致

借款单位

建设银行和平里支行
业务章2018.12.9

(银行盖章)2018年12月9日

经济业务(33)

托收凭证（付款通知） 5

委托日期 2018 年 12 月 9 日　　付款期限 2018 年 12 月 9 日

业务类型	委托收款（☐邮划、☑电划）　托收承付（☐邮划、☐电划）							
付款人	全称	力峰焊接设备有限公司			收款人	全称	黄河电子器材厂	
	账号	370016168972				账号	360019195332	
	地址	山东省 济南 市/县	开户行	建设银行和平里支行		地址	山东省 济南 市/县	开户行 工商银行天桥支行
金额	人民币（大写）	壹拾伍万贰仟壹佰元整					亿 千 百 十 万 千 百 十 元 角 分	¥ 1 5 2 1 0 0 0 0
款项内容	货款	托收凭据名称	银行承兑汇票		附寄单证张数			
商品发运情况			合同名称号码					
备注： 付款人开户银行收到日期： 2018 年 12 月 9 日 复核　记账	建设银行和平里支行 业务章 2018.12.9 付款人开户银行签章 年　月　日		付款人注意： 1. 根据支付结算办法，上列委托收款（托收承付）款项在付款期限内未提出拒付，即视为同意付款，以此代付款通知。 2. 如需提出全部或部分拒付，应在规定期限内，将拒付理由书并附债务证明退交开户银行。					

此联付款人开户银行给付款人按期付款通知

银行承兑汇票（存根） 3 Ⅳ 03474526

出票日期（大写） 贰零壹捌年零玖月零玖日

出票人全称	力峰焊接设备有限公司	收款人	全称	黄河电子器材厂
出票人账号	370016168972		账号	360019195332
付款行全称	建设银行和平里支行		开户银行	工商银行天桥支行
出票金额	人民币（大写） 壹拾伍万贰仟壹佰元整		亿 千 百 十 万 千 百 十 元 角 分	¥ 1 5 2 1 0 0 0 0
汇票到期日（大写）	贰零壹捌年壹拾贰月零玖日	付款行	行号	0396
承兑协议编号	008546		地址	济南市山大北路 120 号
	备注：			

此联由出票人存查

经济业务(34)

银行承兑汇票

2　　ED01957110

出票日期（大写）　贰零壹捌年壹拾壹月壹拾日

出票人全称	红星机电设备公司	收款人	全　称	力峰焊接设备有限公司
出票人账号	360200012347		账　号	370016168972
付款行全称	工商银行北园支行		开户银行	建设银行和平里支行
出票金额	人民币（大写）肆拾捌万元整		亿千百十万千百十元角分	¥480000000
汇票到期日（大写）	贰零壹玖年零贰月壹拾日	付款行	行号	0471
承兑协议编号	00053		地址	济南市北园路36号
本汇票请你行承兑，到期无条件付款。 出票人签章		本汇票已经承兑，到期日由本行付款。 承兑行签章 承兑日期　年　月　日 备注：		复核　记账

此联收款人开户行随托收凭证寄付款行作借方凭证附件

贴现凭证（收账通知）④

填写日期　　年　月　日　　　　第　　号

贴现汇票	种类		号码		申请人	全称	
	发票日	年　月　日				账号	
	到期日	年　月　日				开户银行	
汇票承兑人（或银行）	名称		账号		开户银行		
汇票金额（即贴现金额）	人民币（大写）					千百十万千百十元角分	
贴现率每月	‰	贴现利息	十万千百十元角分		实付贴现金额	千百十万千百十元角分	
上述款项已转入你单位账户。 此致 银行盖章 年　月　日				备注：			

此联银行给贴现申请人的收账通知

经济业务(35)

中国建设银行 转账支票存根 (鲁) **CE003967**	中国建设银行 转账支票 (鲁) **CE003967**
科 目________ 对方科目________ 出票日期 年 月 日 收款人: 金 额: 用 途: 单位主管 会计	出票日期(大写) 年 月 日 付款行名称: 本支票付款期限十天 收款人: 出票人账号: 人民币(大写) 亿 千 百 十 万 千 百 十 元 角 分 用途________ 科目(借)________ 上列款项请从 对方科目(贷)________ 我账户内支付 转账日期 年 月 日 出票人签章 复核 记账

山东增值税专用发票

全国统一发票监制章 山东 国家税务总局监制

3700186540 № 08972116

发 票 联

开票日期:2018 年 12 月 10 日

购买方	名 称:力峰焊接设备有限公司 纳税人识别号:370102345600123 地 址 、电 话:济南市山大北路 128 号 0531－88667722 开户行及账号:建设银行和平里支行 370016168972	密码区	7742<96－＊<5599>2＊90631 7<3>67－672>＊2＊<4>－7/＊ －＊77<62－9</28＋941－3－9 4>5352/>4637－94－>>>＊0	加密版本:01 3700098130 08972116

货物或应税劳务、服务名称	规格型号	单位	数量	单价	金 额	税率	税 额
冲床	J21－40	台	1	60 000.00	60 000.00	16%	9 600.00
合 计					￥60 000.00		￥9 600.00
价税合计(大写)	⊗陆万玖仟陆佰元整				(小写) ￥69 600.00		

销售方	名 称:光明机械设备公司 纳税人识别号:370102779723682 地 址 、电 话:济南市堤口路 180 号 0531－82350379 开户行及账号:工商银行堤口路支行 160202310920	备注	光明机械设备公司 税号:370102779723682 发票专用章

收款人:郭军 复核:周洋 开票人:郭军 销货单位(章)

第三联:发票联 购买方记账凭证

固定资产竣工验收单

No. 000147

固定资产名称	冲床	验收日期	2018年12月10日	使用或保管部门	加工车间
型号规格	J21—40	始建日期		建造单位或部门	
固定资产编号	T836—04	竣工日期	2018年12月10日	工程成本	
主要技术参数： 公秤压力：40 吨 滑块行程：80 毫米 行程次数：80 次/分钟 最大闭合高度：330 毫米 连杆调节长度：70 毫米 工作台尺寸：460×700 平方毫米 电动机功率：5.5 千瓦			验收意见： 功能达到要求，验收通过。		

第二联　记账联

设备科主管：郭伟强　　交验部门及主管：机修车间 张丽　　设备科验收：汪江洋

经济业务(36)

中泰证券中央登记结算公司

958

12/10/18　　　　成交过户交割单　　买

济南市税务局监制

股东编号	D218436759	成交证券	东大股份
电脑编号	12308	成交数量	10 000
公司名称	中泰	成交价格	10.35
申报编号	216	成交金额	103 500.00
申报时间	141210	佣　　金	312.60
成交时间	141210	过 户 费	0
上次余额	400(手)	印 花 税	0
本次成交	100(手)	应付金额	103 812.60
本次余额	500(手)	附加费用	
本次库存	500(手)	实收金额	

③通知联

经办单位 [1110]　　　　客户签章＿＿＿＿

经济业务(37)

力峰焊接设备有限公司　　No. 0005528

费用报销单

2018年12月10日

姓　名	摘　　要	膳用金额		车费金额		其他费用金额	
李丽	空白账册					319	00
合计（大写）叁佰壹拾玖元整	合　计					319	00
		￥319.00					

现金付讫

第一联　记账联

车间部门　财务科　　审核　杨荐莲　　制单　李志　　收款　李丽

山东增值税专用发票

3700186540　　　　　　　　№ 08475263

发　票　联

开票日期:2018年12月10日

购买方	名　　称:力峰焊接设备有限公司 纳税人识别号:370102345600123 地址、电话:济南市山大北路128号　0531—88667722 开户行及账号:建设银行和平里支行　370016168972			密码区	1627<96—∗<5599>2∗90631 7<3>67—672>∗2∗<4>—7/∗ —∗77<62—9</28+941—3—9 4>5352/>4637—94—>>>∗0		加密版本:01 3700094286 08475263	
货物或应税劳务、服务名称	规格型号	单位	数量	单价	金额	税率	税额	
空白账册		套	11	25.00	275.00	16%	44.00	
合　计					¥275.00		¥44.00	
价税合计(大写)	⊗叁佰壹拾玖元整				(小写)　¥319.00			
销售方	名　　称:历下文具商店 纳税人识别号:370111234500375 地址、电话:济南市和平路9号　0531—87923724 开户行及账号:工商银行和平支行　390030452637			备注	历下文具商店 税号:370111234500375 发票专用章			

收款人:姜勇　　　复核:李建军　　　开票人:姜勇　　　销货单位:(章)

第三联:发票联　购买方记账凭证

经济业务(38)

中华人民共和国
税收电子转账专用完税证

地

(20096)鲁地电 0857426

填发日期:2018年12月10日

税务登记代码	370102345600123	征收机关	济南市地方税务局历城分局征收大厅	
纳税人全称	力峰焊接设备有限公司	收款银行(邮局)	建设银行和平里支行	
税(费)种	税款所属时期			实缴金额
城市维护建设税	2018年11月01日至2018年11月30日			13 066.90
教育费附加	2018年11月01日至2018年11月30日			5 600.10
个人所得税	2018年11月01日至2018年11月30日			2 784.20
金额合计	(大写)贰万壹仟肆佰伍拾壹元贰角整			¥21 451.20
税务机关(盖章)	收款银行(邮局)(盖章)	经手人(签章)	备注	200963262219 一般申报 37270064280534298

此凭证仅作纳税人完税凭证,此外无效

电脑打印　手工无效

中　华　人　民　共　和　国
税收电子转账专用完税证

国

(20071)鲁国电 0336123

填发日期:2018 年 12 月 10 日

税务登记代码	370102345600123	征收机关	济南市国家税务局历城分局征收大厅		
纳税人全称	力峰焊接设备有限公司	收款银行(邮局)	建设银行和平里支行		
税(费)种	税款所属时期			实缴金额	
企业所得税 增值税	2018 年 11 月 01 日至 2018 年 11 月 30 日 2018 年 11 月 01 日至 2018 年 11 月 30 日			92 360.00 185 670.00	
金额合计	(大写)贰拾柒万捌仟零叁拾元整			¥278 030.00	
税务机关 (盖章)	收款银行(邮局) (盖章)	经手人 (签章)	备注	200710336123 一般申报 23700900082585791	

此凭证仅作纳税人完税凭证,此外无效

电脑打印　手工无效

经济业务(39)

收　　据

No. 2987423

2018 年 12 月 11 日

交款单位力峰焊接设备有限公司

人民币(大写)壹拾万元整　　¥100 000.00

系　　付捐赠款

②

收据联

现　金	
支　票	√
付　委	

收款单位(盖章有效) 凯丰机械厂 财务专用章　财务 孙璐　经手人 马文军

中国建设银行 转账支票存根（鲁） **CE003968**	中国建设银行　转账支票　（鲁）　**CE003968**
科　　目______ 对方科目______ 出票日期　　年　月　日	出票日期（大写）　　年　　月　　日　付款行名称： 收款人：　　出票人账号：
收款人： 金　额： 用　途：	本支票付款期限十天 人民币（大写）　亿 千 百 十 万 千 百 十 元 角 分
单位主管　　会计	用途________　　科目（借）________ 上列款项请从　　对方科目（贷）________ 我账户内支付　　转账日期　　年　月　日 出票人签章　　复核　　记账

山东增值税专用发票

3700186540　　　　№ 0069729

记　账　联

开票日期：2018 年 12 月 11 日

购买方	名　　称：凯丰机械厂 纳税人识别号：370102572602148 地 址 、电 话：济南市山大路 29 号　0531－88582117 开户行及账号：招商银行山大路支行　520614312162			密码区	3326<96－＊<5599>2＊90633 7<3>67－672>＊24＊<4>－7/＊ －＊77<62－9</28＋941－3－9 4>5352/>4639－94－>>>＊0	加密版本：01 3700092130 0069729	
货物或应税劳务、服务名称	规格型号	单位	数量	单价	金　额	税率	税　额
焊　机	160	台	1	7 000.00	7 000.00	16%	1 120.00
合　　计					￥7 000.00		￥1 120.00
价税合计（大写）	⊗捌仟壹佰贰拾元整				（小写）　￥8 120.00		
销售方	名　　称：力峰焊接设备有限公司 纳税人识别号：370102345600123 地 址 、电 话：济南市山大北路 128 号　0531－88667722 开户行及账号：建设银行和平里支行　370016168972			备注	力峰焊接设备有限公司 税号：370102345600123 发票专用章		

第一联：记账联　销售方记账凭证

收款人：　　复核：李志　　开票人：陈斐　　销货单位：（章）

经济业务(40)

中国建设银行（鲁）转账支票存根

CE003969

科　　目＿＿＿＿＿＿

对方科目＿＿＿＿＿＿

出票日期　　年　月　日

收款人：	
金　额：	
用　途：	

单位主管　　会计

中国建设银行　转账支票　（鲁）　CE003969

本支票付款期限十天

出票日期(大写)　　年　　月　　日　付款行名称：

收款人：　　　　　　　　　　出票人账号：

人民币（大写）	亿	千	百	十	万	千	百	十	元	角	分

用途＿＿＿＿＿　　　　科目(借)＿＿＿＿＿＿

上列款项请从　　　　对方科目(贷)＿＿＿＿＿＿

我账户内支付　　　　转账日期　　年　月　日

出票人签章　　　　　复核　　记账

山东增值税专用发票

全国统一发票监制章 山东 国家税务总局监制

3700186540　　　　　　　　No 16432917

发　票　联

开票日期:2018年12月11日

购买方	名　　称:力峰焊接设备有限公司 纳税人识别号:370102345600123 地 址 、电 话:济南市山大北路128号　0531－88667722 开户行及账号:建设银行和平里支行　370016168972	密码区	2462＜96－＊＜5599＞2＊90631 7＜3＞67－672＞＊2＊＜4＞－7/＊ －＊77＜62－9＜/28＋941－3－9 4＞5352/＞4637－94－＞＞＞＊0	加密版本:01 3700095130 16432917

货物或应税劳务、服务名称	规格型号	单位	数量	单价	金　额	税率	税　额
汽油		升	1 000	5.20	5 200.00	16%	832.00
机油		升	500	9.40	4 700.00	16%	752.00
合　计					¥9 900.00		¥1 584.00
价税合计(大写)	⊗壹万壹仟肆佰捌拾肆元整				(小写) ¥11 484.00		

销售方	名　　称:济南石化公司 纳税人识别号:370115678900345 地 址 、电 话:济南市花园路96号　0531－88907116 开户行及账号:中国银行历城支行 350035361234	备注	济南石化公司 税号：370115678900345 发票专用章

收款人:巩阳　　复核:石兆生　　开票人:巩阳　　销货单位(章)

第三联：发票联　购买方记账凭证

收　料　单

No. 2097245

供货单位：________

发票号码：________　　　　年　月　日　　　收货仓库：________

材料类别	名称及规格	计量单位	数量		实际成本		计划成本		差异
			应收	实收	单价	金额	单价	金额	

记账联

质量检验：　　　　收料：　　　　制单：

经济业务(41)

山东增值税专用发票

3700186540　　　　№ 0069730

记　账　联

开票日期：2018 年 12 月 11 日

购买方	名　　称：红星机电设备公司 纳税人识别号：370103796206477 地 址 、电 话：济南市北园路 22 号　0531－89776230 开户行及账号：工商银行北园支行　360200012347	密码区	8993＜96－＊＜5599＞2＊90631　加密版本：01 7＜3＞67－672＞＊2＊＜4＞－7/＊　3700092130 －＊77＜62－9＜/28＋941－3－9 4＞5352/＞4637－94－＞＞＞＊0　0069730

货物或应税劳务、服务名称	规格型号	单位	数量	单价	金　额	税率	税　额
焊机	160	台	15	7 000.00	105 000.00	16%	16 800.00
焊机	200	台	20	8 000.00	160 000.00	16%	25 600.00
焊机	250	台	20	10 000.00	200 000.00	16%	32 000.00
合　计					￥465 000.00		￥74 400.00
价税合计(大写)	⊗伍拾叁万玖仟肆佰元整				(小写)　￥539 400.00		

销售方	名　　称：力峰焊接设备有限公司 纳税人识别号：370102345600123 地 址、电 话：济南市山大北路 128 号　0531－88667722 开户行及账号：建设银行和平里支行　370016168972	备注	力峰焊接设备有限公司 税号：370102345600123 发票专用章

收款人：陈斐　　　复核：李志　　　开票人：陈斐　　　销货单位(章)

第一联：记账联　销售方记账凭证

中国工商银行 转账支票 （鲁） GH57460218

本支票付款期限十天

出票日期（大写）贰零壹捌年壹拾贰月壹拾壹日　　付款行名称：工商银行北园支行

收款人：力峰焊接设备有限公司　　出票人账号：360200012347

人民币（大写）	亿	千	百	十	万	千	百	十	元	角	分
伍拾叁万玖仟肆佰元整			¥	5	3	9	4	0	0	0	0

用途 货款　　科目（借）

上列款项请从　　对方科目（贷）

我账户内支付　　转账日期　　年　月　日

出票人签章　　复核　　记账

（印章：财务专用章；李红星印）

中国建设银行
China Construction Bank

进 账 单 （回 单） 1

年　月　日

出票人	全称		收款人	全称	
	账号			账号	
	开户银行			开户银行	

金额	人民币（大写）	亿	千	百	十	万	千	百	十	元	角	分

票据种类		票据张数		
票据号码				
复核　记账				开户银行签章

此联是开户银行交给持（出）票人的回单

经济业务(42)

中国工商银行信汇凭证(收账通知或取款收据) 4 No. 40884473

委托日期 2018 年 12 月 8 日

汇款人	全称	天津消防器材厂			收款人	全称	力峰焊接设备有限公司		
	账号或住址	510314291603				账号或住址	370016168972		
	汇出地点	省天津市县	汇出行名称	工商银行河西支行		汇入地点	山东省济南市县	汇入行名称	建设银行和平里支行
金额	人民币(大写):贰拾肆万壹仟贰佰捌拾元整						千 百 十 万 千 百 十 元 角 分	¥ 2 4 1 2 8 0 0 0	
汇款用途:货款					留行待取预留收款人印鉴				

此联是给收款人的收账通知或代取款收据

上列款项已代进账,如有错误,请持此联来行面洽。

建设银行和平里支行业务章 2018.12.11 汇入行盖章

年 月 日

上列款项已照收无误

收款人盖章

年 月 日

科目(借)

对方科目(贷)

汇入行解汇日期 年 月 日

复核 记账 出纳

经济业务(43)

力峰焊接设备有限公司

外埠出差报销单

2018年12月14日

出差人姓名	李刚	工作部门	财务科	预借金额	2 000.00
出差事由	参加会议	出差日期	12月8日到12月13日	返回金额	
出差地点	上海	出差天数	6天	应补金额	64.20

起程					到达					车船费		在途伙食津贴		通宵乘车补贴			住勤伙食补贴			住宿费	市内交通费	其他费用	
月	日	时	分	地点	月	日	时	分	地点	交通工具	金额	人/天	金额	票价	%	补贴	人/天	每天标准补助	金额			项目	金额
12	8	21	45	济南	12	9	6	16	上海	火车	300.00						1/6	20.00	120.00	800.00	44.20	会务费	500.00
12	13	7	26	上海	12	13	15	03	济南	火车	300.00												
合计金额	(小写)¥2 064.20元 各项费用小计									600.00							120.00			800.00	44.20	500.00	
	(大写)贰仟零陆拾肆元贰角整																						

审核 洪梅　出纳 常江　部门主管 朱茜　报销人 李刚

经济业务(44)

山东增值税专用发票

3700186540　　　　　　　　　　　　　　№ 24782126

发　票　联

开票日期：2018 年 12 月 14 日

购买方	名　　称：力峰焊接设备有限公司 纳税人识别号：370102345600123 地 址 、电 话：济南市山大北路 128 号　0531－88667722 开户行及账号：建设银行和平里支行　370016168972	密码区	2626＜96－＊＜5599＞2＊90631 7＜3＞67－672＞＊2＊＜4＞－7/＊ －＊77＜62－9＜/28＋941－3－9 4＞5352/＞4637－94－＞＞＞＊0 加密版本：01 3700096130 24782126

货物或应税劳务、服务名称	规格型号	单位	数量	单价	金　额	税率	税　额
钢板		吨	10	5 050.00	50 500.00	16%	8 080.00
角钢		吨	3	3 430.00	10 290.00	16%	1 646.40
合　计					￥60 790.00		￥9 726.40
价税合计(大写)	⊗柒万零伍佰壹拾陆元肆角整				（小写）　￥70 516.40		

销售方	名　　称：济南市钢材市场 纳税人识别号：370102779723682 地 址 、电 话：济南市长城路 180 号　0531－82350379 开户行及账号：工商银行历城支行　160202310920	备注	济南市钢材市场 税号：370102779723682 发票专用章

收款人：　　　　复核：姜鹏　　　　开票人：马云　　　　销货单位(章)

第三联：发票联　购买方记账凭证

收　料　单

No. 2097246

供货单位：________

发票号码：________　　　　年　月　日　　　　收货仓库：________

材料类别	名称及规格	计量单位	数量		实际成本		计划成本		差异
			应收	实收	单价	金额	单价	金额	

记账联

质量检验：　　　　收料：　　　　制单：

经济业务(45)

山东增值税专用发票

3700186540　　　　　　　　　　　　　　　　　№ 08426649

发　票　联

开票日期:2018年12月14日

购买方	名　　称:力峰焊接设备有限公司 纳税人识别号:370102345600123 地 址 、电 话:济南市山大北路128号　0531－88667722 开户行及账号:建设银行和平里支行　370016168972	密码区	1129<96－＊<5599>2＊90631 7<3>67－672>＊2＊<4>－7/＊ －＊77<62－9</28＋941－3－9 4>5352/>4637－94－>>>＊0 加密版本:01 3700099130 08426649

货物或应税劳务、服务名称	规格型号	单位	数量	单价	金额	税率	税额
安全钳		把	50	10.60	530.00	16%	84.80
扳手		把	50	15.40	770.00	16%	123.20
劳保用品		套	100	82.00	8 200.00	16%	1 312.00
合　计					¥9 500.00		¥1 520.00
价税合计(大写)	⊗壹万壹仟零贰拾元整				(小写)　¥11 020.00		

销售方	名　　称:环宇五金公司 纳税人识别号:37010245678972 地 址 、电 话:济南市泉城路180号 开户行及账号:工商银行舜井街支行　109200058969	备注	环宇五金公司 税号:37010245678972 发票专用章

收款人:田力　　　复核:丁磊　　　开票人:田力　　　销货单位(章)

第三联:发票联　购买方记账凭证

中国建设银行(鲁)
转账支票存根
CE003970

科　　目＿＿＿＿＿＿
对方科目＿＿＿＿＿＿
出票日期　　年　　月　　日

收款人:	
金　额:	
用　途:	

单位主管　　　会计

本支票付款期限十天

中国建设银行　转账支票　(鲁)　CE003970

出票日期(大写)　　年　　月　　日　付款行名称:
收款人:　　　　　　　　　　　　　出票人账号:

人民币(大写)	亿	千	百	十	万	千	百	十	元	角	分

用途＿＿＿＿　　　　　　　科目(借)＿＿＿＿＿＿
上列款项请从　　　　　　　对方科目(贷)＿＿＿＿＿＿
我账户内支付　　　　　　　转账日期　　年　　月　　日
出票人签章　　　　　　　　复核　　　　记账

收 料 单

No. 2097247

供货单位：________

发票号码：________ 年 月 日 收货仓库：________

材料类别	名称及规格	计量单位	数量		实际成本		计划成本		差异
			应收	实收	单价	金额	单价	金额	

记账联

质量检验： 收料： 制单：

经济业务(46)

中国建设银行（鲁）
转账支票存根

CE003971

科 目________

对方科目________

出票日期 年 月 日

收款人：	
金 额：	
用 途：	

单位主管 会计

本支票付款期限十天

中国建设银行 转账支票 （鲁） CE003971

出票日期(大写) 年 月 日 付款行名称：

收款人： 出票人账号：

人民币（大写）	亿	千	百	十	万	千	百	十	元	角	分

用途________

上列款项请从
我账户内支付
出票人签章

科目(借)________

对方科目(贷)________

转账日期 年 月 日

复核 记账

工资结算汇总表

2018 年 12 月　　　　金额单位:元　人数:152

部门		基本工资	岗位工资	工龄工资	应扣病假工资	应付工资	代扣款项							实发金额
							养老保险金	住房公积金	医疗保险金	失业保险金	工会会费	个人所得税	合计	
加工车间	生产工人	2 932.30	3 388.50	195.50	228.40	6 287.90	482.40	422.10	120.60	60.30	31.44	8.86	1 125.70	5 162.20
	管理人员	1 046.00	1 259.90	71.40	81.60	2 295.70	176.15	154.13	44.04	22.02	11.48	19.18	427.00	1 868.70
	小计	3 978.30	4 648.40	266.90	310.00	8 583.60	658.55	576.23	164.64	82.32	42.92	28.04	1 552.70	7 030.90
变压器车间	生产工人	26 756.30	32 980.00	2 489.10	1 170.30	61 055.10	4 684.90	4 099.29	1 171.23	585.61	305.28	439.60	11 285.91	49 769.19
	管理人员	2 004.30	2 470.40	186.50	—	4 661.20	357.66	312.95	89.41	44.71	23.31	49.42	877.46	3 783.74
	小计	28 760.60	35 450.40	2 675.60	1 170.30	65 716.30	5 042.56	4 412.24	1 260.64	630.32	328.59	489.02	12 163.37	53 552.93
装配车间	生产工人	27 884.00	32 221.50	1 858.90	1 350.60	60 613.80	4 650.96	4 069.59	1 162.74	581.37	303.07	436.42	11 204.15	49 409.65
	管理人员	2 061.50	2 382.20	137.50	148.50	4 432.70	340.13	297.61	85.03	42.52	22.16	47.87	835.32	3 597.38
	小计	29 945.50	34 603.70	1 996.40	1 499.10	65 046.50	4 991.09	4 367.20	1 247.77	623.89	325.23	484.29	12 039.47	53 007.03
机修车间		5 220.40	6 711.00	498.20	—	12 429.60	953.74	834.52	238.43	119.22	62.15	37.27	2 245.33	10 184.27
行政管理人员		42 217.30	46 708.50	898.20	—	89 824.00	6 892.36	6 030.83	1 723.10	861.54	449.11	988.09	16 945.03	72 878.97
合计		110 122.10	128 122.00	6 335.30	2 979.40	241 600.00	18 538.30	16 221.02	4 634.58	2 317.29	1 208.00	2 026.71	44 945.90	196 654.10

经济业务(48)

中国建设银行
转账支票存根（鲁）
CE003972
科　　目
对方科目
出票日期　　年　月　日

收款人：	
金　额：	
用　途：	

单位主管　　　会计

本支票付款期限十天

中国建设银行　转账支票　（鲁）　CE003972

出票日期(大写)　　年　　月　　日　付款行名称：

收款人：　　　　　　　　　　　　出票人账号：

人民币（大写）	亿	千	百	十	万	千	百	十	元	角	分

用途________　　　　　　　　科目(借)

上列款项请从　　　　　　　　对方科目(贷)

我账户内支付　　　　　　　　转账日期　　年　月　日

出票人签章　　　　　　　　　复核　　　　记账

经济业务(49)

各项保险费、公积金、经费计算表

2018 年 12 月　　　　金额单位:元　人数:152

部门		各项保险费、公积金计提数(按上年月平均工资计提,上年月平均工资总额为 231 728.80 元)						合　计	各项经费计提数(按本月工资计提)			总　计
		养老保险费	住房公积金	医疗保险费	失业保险费	生育保险费	工伤保险费		工会经费	教育经费	合　计	
加工车间	生产工人	1 326.60	422.10	723.60	120.60	30.15	30.15	2 653.20	125.77	94.33	220.10	2 873.30
	管理人员	484.42	154.13	264.23	44.04	11.01	11.01	968.84	45.90	34.43	80.33	1 049.17
	小　计	1 811.02	576.23	987.83	164.64	41.16	41.16	3 622.04	171.67	128.76	300.43	3 922.47
变压器车间	生产工人	12 883.49	4 099.29	7 027.36	1 171.23	292.80	292.80	25 766.97	1 221.10	915.83	2 136.93	27 903.90
	管理人员	983.55	312.95	536.48	89.41	22.36	22.36	1 967.11	93.22	69.92	163.14	2 130.25
	小　计	13 867.04	4 412.24	7 563.84	1 260.64	315.16	315.16	27 734.08	1 314.32	985.75	2 300.07	30 034.15
装配车间	生产工人	12 790.14	4 069.59	6 976.44	1 162.74	290.70	290.70	25 580.31	1 212.28	909.21	2 121.49	27 701.80
	管理人员	935.35	297.61	510.19	85.03	21.25	21.25	1 870.68	88.65	66.49	155.14	2 025.82
	小　计	13 725.49	4 367.20	7 486.63	1 247.77	311.95	311.95	27 450.99	1 300.93	975.70	2 276.63	29 727.62
机修车间		2 622.77	834.52	1 430.60	238.43	59.61	59.61	5 245.54	248.59	186.44	435.03	5 680.57
行政管理人员		18 954.02	6 030.83	10 338.56	1 723.10	430.76	430.76	37 908.03	1 796.49	1 347.35	3 143.84	41 051.87
合　计		50 980.34	16 221.02	27 807.46	4 634.58	1 158.64	1 158.64	101 960.68	4 832.00	3 624.00	8 456.00	110 416.68

经济业务(50)

行政拨交工会经费缴款书

缴款单位

电　　话________　　缴款日期：　　年　　月　　日　　字第　　号

每月最后缴款日期：十五日

所属月份		职工人数		本月工资总额		按2%计应拨交经费	¥

收入基层工会　工作费户		上解上级工会　工作费户		缴款单位	
户　名		户　名		户　名	
账　号		账　号		账　号	
开户行		开户行		开户行	
比　例	万千百十元角分	比　例	万千百十元角分	合　计	十万千百十元角分
60%		40%			

合计金额 人民币（大写）		上列款项已划转有关工会账户
缴款单位盖章： 年　月　日	工会委员会盖章： 年　月　日	银行盖章

第一联　由银行退缴款单位作回单

经济业务(51)

中国建设银行转账支票存根（鲁）	中国建设银行　转账支票　（鲁）　CE003973
CE003973	出票日期(大写)　　年　　月　　日　付款行名称：
科　　目________	收款人：　　　　出票人账号：
对方科目________	人民币（大写）　亿千百十万千百十元角分
出票日期　　年　月　日	用途________　　科目(借)________
收款人：	上列款项请从　　对方科目(贷)________
金　额：	我账户内支付　　转账日期　　年　月　日
用　途：	出票人签章　　复核　　记账
单位主管　　会计	

本支票付款期限十天

济南市公积金汇缴书

年　月　日　　　　附清册　　张

<table>
<tr><td colspan="2">单位名称</td><td colspan="4"></td><td colspan="2">□汇缴：　年　月份</td></tr>
<tr><td colspan="2">公积金账号</td><td colspan="4"></td><td colspan="2">□补缴：　人数　人</td></tr>
<tr><td colspan="7">缴交金额
（大写）</td><td>十｜万｜千｜百｜十｜元｜角｜分</td></tr>
<tr><td colspan="2">上月汇缴</td><td colspan="2">本月增加汇缴</td><td colspan="2">本月减少汇缴</td><td colspan="2">本月汇缴</td></tr>
<tr><td>人数</td><td>金额</td><td>人数</td><td>金额</td><td>人数</td><td>金额</td><td>人数</td><td>金额</td></tr>
<tr><td></td><td></td><td></td><td></td><td></td><td></td><td></td><td></td></tr>
<tr><td colspan="2">付款行</td><td colspan="2">付款账号</td><td>支票号码</td><td colspan="3" rowspan="2"></td></tr>
<tr><td colspan="2"></td><td colspan="2"></td><td></td></tr>
<tr><td colspan="8">银行盖章</td></tr>
</table>

第一联　银行盖章后交单位记账

经济业务(52)

济南市职工社会保险基金结算表

2018 年 12 月

单位名称:力峰焊接设备有限公司

单位编码:141818048　　本月扣款日期:2018.12.16　　No. 40542-1

应　缴　项　目	核定金额(元)	应　付　项　目	核定金额(元)
1. 养老保险缴费基数	231 728.80	19. 月养老金基数	0
2. 补缴历年养保缴费工资总额	0	20. 一次性调整金额	0
3. 养老保险单位缴费率%	22	21. 一次性补助金额	0
4. 单位应缴养老保险费金额	50 980.34	22. 建国前参加革命加发生活费	0
5. 其他应缴养老保险费金额	0	23. 其他按规定支付额	0
6. 养老保险费个人缴费总额	18 538.30	24. 一次性补充养老金	0
7. 其中:个人缴费月基数	18 538.30	25. 丧葬补助费,抚恤金	0
8. 养老保险缴纳合计	69 518.64	26. 其他按规定一次性支付金额	0
9. 失业保险缴费基数	231 728.80	27. 终止养老保险关系支付额	0
10. 补缴历年失保缴费工资总额	0	28. 房贴	0
11. 失业保险单位缴费率%	2	29. 应支付医疗费	0
12. 单位应缴失业保险费金额	4 634.58	30.	
13. 其他应缴失业保险费金额	0	31.	
14. 失业保险费个人缴费总额	2 317.29	32.	
15. 其中:个人缴费月基数	2 317.29	33.	
16. 失业保险缴纳合计	6 951.87	34. 支付合计	0
17. 单位缓缴社会保险费金额	0	35. 自负金额	0
18. 应缴纳金额	76 470.51	36. 应拨付金额	0

盖章后代收付款凭证

合　计(大写)柒万陆仟肆佰柒拾元伍角壹分

打印日期:2018.12.15　　社会保险经办机构(盖章):济南市社会保险事业管理中心

济南市社会保险事业基金结算管理中心结算专用章

补充资料:

1. 月末养老保险账户职工　　人
2. 月末养老保险缴费人数　　人
3. 月末领取养老金　　0 人
4. 单位缓缴社会保险费含单位缓缴养老保险费　0 元、失业保险费　0 元

结算版本号:1　　打印版本号:1

济南市职工社会保险基金结算表

2018 年 12 月

单位名称:力峰焊接设备有限公司

单位编码:141818048　　本月扣款日期:2018.12.16　　No. 40542-2

应　缴　项　目	核定金额(元)	应　付　项　目	核定金额(元)
1. 医疗保险缴费基数	231 728.80	17. 工伤保险缴费基数	231 728.80
2. 补缴历年医保缴费工资总额	0	18. 补缴历年医保缴费工资总额	0
3. 医疗保险单位缴费率%	12	19. 工伤保险单位缴费率%	0.5
4. 单位应缴医疗保险费金额	27 807.46	20. 单位应缴工伤保险费金额	1 158.64
5. 其他应缴医疗保险费金额	0	21. 其他应缴工伤保险费金额	0
6. 医疗保险费个人缴费总额	4 634.58	22. 工伤保险费个人缴费总额	0
7. 其中:个人缴费月基数	4 634.58	23. 其中:个人缴费月基数	0
8. 医疗保险缴纳合计	32 442.04	24. 工伤保险缴纳合计	1 158.64
9. 生育保险缴费基数	231 728.80	25. 单位缓缴社会保险费金额	0
10. 补缴历年生保缴费工资总额	0	26. 应缴纳金额	34 759.32
11. 生育保险单位缴费率%	0.5		
12. 单位应缴生育保险费金额	1 158.64		
13. 其他应缴生育保险费金额	0		
14. 生育保险费个人缴费总额	0		
15. 其中:个人缴费月基数	0		
16. 生育保险缴纳合计	1 158.64		

盖章后代收付款凭证

合　计(大写)叁万肆仟柒佰伍拾玖元叁角贰分

打印日期:2018.12.15　　社会保险经办机构(盖章):济南市社会保险事业管理中心

济南市社会保险事业基金
结算管理中心结算专用章

补充资料:

1. 月末养老保险账户职工　　人
2. 月末养老保险缴费人数　　人
3. 月末领取养老金　　0 人
4. 单位缓缴社会保险费含单位缓缴养老保险费　0 元、失业保险费　0 元

结算版本号:1　　打印版本号:1

经济业务(53)

领 料 单

No. 009227

领料部门： 年 月 日 发料仓库：

材料类别	名称及规格	计量单位	数量	计划单价	金额	用途

仓库主管： 发料人： 领料部门主管： 领料人：

经济业务(54)

领 料 单

No. 009228

领料部门： 年 月 日 发料仓库：

材料类别	名称及规格	计量单位	数量	计划单价	金额	用途

仓库主管： 发料人： 领料部门主管： 领料人：

经济业务(55)

山东增值税专用发票

全国统一发票监制章 山东 国家税务总局监制

3700186540　　　　　　　　　　　　　　　№ 0069731

记　账　联

开票日期:2018年12月16日

购买方	名　　称:宏达汽车改装厂 纳税人识别号:370104772602561 地 址 、电 话:济南市纬六路27号　0531－87932264 开户行及账号:农业银行槐荫支行　260714167763			密码区	1238＜96－＊＜5599＞2＊90631 7＜3＞67－672＞＊2＊＜4＞－7/＊ －＊77＜62－9＜/28＋941－3－9 4＞5352/＞4637－94－＞＞＞＊0		加密版本:01 3700092130 0069731
货物或应税劳务、服务名称	规格型号	单位	数量	单价	金　额	税率	税　额
焊　机	160	台	15	7 000.00	105 000.00	16%	16 800.00
焊　机	250	台	17	10 000.00	170 000.00	16%	27 200.00
合　　计					¥275 000.00		¥44 000.00
价税合计(大写)	⊗叁拾壹万玖仟元整				(小写)　¥319 000.00		
销售方	名　　称:力峰焊接设备有限公司 纳税人识别号:370102345600123 地 址 、电 话:济南市山大北路128号　0531－88667722 开户行及账号:建设银行和平里支行　370016168972			备注	力峰焊接设备有限公司 税号:370102345600123 发票专用章		

收款人:　　　　　复核:李志　　　　　开票人:陈斐　　　　　销货单位(章)

第一联:记账联　销售方记账凭证

经济业务(56)

中国银行　转账支票　(鲁)　AD03795237

出票日期(大写)贰零壹捌年壹拾贰月壹拾陆日　　　　付款行名称:中国银行北园支行

收款人:力峰焊接设备有限公司　　　　出票人账号:265128924636

本支票付款期限十天

人民币(大写)	亿	千	百	十	万	千	百	十	元	角	分
贰拾玖万捌仟叁佰伍拾元整			¥	2	9	8	3	5	0	0	0

用途 货款　　　　　　　　　　科目(借)

上列款项请从　　　　　　　　对方科目(贷)

我账户内支付　　　孙强　　　转账日期　　年　月　日

出票人签章　　　　　　　　　复核　　　　记账

北园钢窗厂 财务专用章

<table>
<tr><td>被背书人</td><td>被背书人</td><td rowspan="2">贴
粘
单
处</td></tr>
<tr><td>背书人签章
年 月 日</td><td>背书人签章
年 月 日</td></tr>
</table>

经济业务(57)

山东增值税专用发票

3700186540　　　　　　　　　　　　　　　　　　№ 03553220

发　票　联

开票日期:2018 年 12 月 16 日

购买方	名　　称:力峰焊接设备有限公司 纳税人识别号:370102345600123 地 址 、电 话:济南市山大北路 128 号　0531－88667722 开户行及账号:建设银行和平里支行　370016168972	密码区	4437<96－＊<5599>2＊90631 7<3>67－672>＊2＊<4>－7/＊ －＊77<62－9</28＋941－3－9 4>5352/>4637－94－>>>＊0 加密版本:01 3700099130 03553220

货物或应税劳务、服务名称	规格型号	单位	数量	单价	金　额	税率	税　额
漆包线		公斤	1 200	58.50	70 200.00	16%	11 232.00
硅钢片		公斤	1 400	53.50	74 900.00	16%	11 984.00
玻璃丝包线		公斤	1 600	68.50	109 600.00	16%	17 536.00
合　计					￥254 700.00		￥40 752.00
价税合计(大写)	⊗贰拾玖万伍仟肆佰伍拾贰元整				(小写)　￥295 452.00		

销售方	名　　称:华升机电设备公司 纳税人识别号:370102893400056 地 址 、电 话:济南市花园路 9 号　0531－87905566 开户行及账号:工商银行历城支行　390006844456	备注	

收款人:王健　　　　复核:吴庆　　　　开票人:王健　　　　销货单位(章)

第三联:发票联　购买方记账凭证

(印章:全国统一发票监制章 山东 国家税务总局监制)
(印章:华升机电设备公司 税号:370102893400056 发票专用章)

收　料　单

No. 2097248

供货单位:________

发票号码:________　　　　年　　月　　日　　　　收货仓库:________

材料类别	名称及规格	计量单位	数量		实际成本		计划成本		差异
			应收	实收	单价	金额	单价	金额	

记账联

质量检验:　　　　收料:　　　　制单:

经济业务(58)

山东增值税专用发票

3700186540　　　　№ 12479655

发　票　联

（印章：全国统一发票监制章　山东　国家税务总局监制）

开票日期：2018年12月17日

购买方		密码区	
名　　称：力峰焊接设备有限公司 纳税人识别号：370102345600123 地 址 、电 话：济南市山大北路128号　0531－88667722 开户行及账号：建设银行和平里支行　370016168972		3379＜96－∗＜5599＞2∗90631 7＜3＞67－672＞∗2∗＜4＞－7/∗ －∗77＜62－9＜/28＋941－3－9 4＞5352/＞4637－94－＞＞＞∗0	加密版本：01 3700091130 12479655

货物或应税劳务、服务名称	规格型号	单位	数量	单价	金　额	税率	税　额
绝缘板		公斤	500	48.20	24 100.00	16%	3 856.00
绝缘漆		公斤	500	19.50	9 750.00	16%	1 560.00
控制配件		套	100	706.00	70 600.00	16%	11 296.00
合　　计					¥104 450.00		¥16 712.00
价税合计(大写)	⊗壹拾贰万壹仟壹佰陆拾贰元整				（小写）¥121 162.00		

销售方	备注
名　　称：鲁北电子器材厂 纳税人识别号：370119123404567 地 址 、电 话：济南市大桥路28号　0531－87960032 开户行及账号：农业银行金牛支行　330003344056	（印章：鲁北电子器材厂　税号：370119123404567　发票专用章）

收款人：　　　　复核：李国强　　　　开票人：陈飞　　　　销货单位(章)

第三联：发票联　购买方记账凭证

收　料　单

No. 2097249

供货单位：________

发票号码：________　　　　年　　月　　日　　　　收货仓库：________

材料类别	名称及规格	计量单位	数量		实际成本		计划成本		差异
			应收	实收	单价	金额	单价	金额	

质量检验：　　　　收料：　　　　制单：

记账联

经济业务(59)

领　料　单

No. 009229

领料部门：　　　　　　　　年　月　日　　　　发料仓库：

材料类别	名称及规格	计量单位	数量	计划单价	金额	用途

仓库主管：　　　发料人：　　　　领料部门主管：　　　领料人：

领　料　单

No. 009230

领料部门：　　　　　　　　年　月　日　　　　发料仓库：

材料类别	名称及规格	计量单位	数量	计划单价	金额	用途

仓库主管：　　　发料人：　　　　领料部门主管：　　　领料人：

领　料　单

No. 009231

领料部门：　　　　年　月　日　　　　发料仓库：

材料类别	名称及规格	计量单位	数量	计划单价	金额	用途

仓库主管：　　　发料人：　　　领料部门主管：　　　领料人：

领　料　单

No. 009232

领料部门：　　　　年　月　日　　　　发料仓库：

材料类别	名称及规格	计量单位	数量	计划单价	金额	用途

仓库主管：　　　发料人：　　　领料部门主管：　　　领料人：

经济业务(60)

中国建设银行（鲁）现金支票存根 DF005646	本支票付款期限十天	中国建设银行　现金支票　（鲁）　DF005646
科　　目		出票日期(大写)　　年　　月　　日　付款行名称：
对方科目		收款人：　　　　出票人账号：
出票日期　　年　月　日		人民币（大写）　亿 千 百 十 万 千 百 十 元 角 分
收款人：		用途______　科目(借)______
金　额：		上列款项请从　对方科目(贷)______
用　途：		我账户内支付　付讫日期　年　月　日
单位主管　　会计		出票人签章　出纳　复核　记账
		贴对号单处　DF005646

经济业务(61)

中国建设银行（鲁）转账支票存根 CE003974	本支票付款期限十天	中国建设银行　转账支票　（鲁）　CE003974
科　　目		出票日期(大写)　　年　　月　　日　付款行名称：
对方科目		收款人：　　　　出票人账号：
出票日期：　　年　月　日		人民币（大写）　亿 千 百 十 万 千 百 十 元 角 分
收款人：		用途______　科目(借)______
金　额：		上列款项请从　对方科目(贷)______
用　途：		我账户内支付　转账日期　年　月　日
单位主管　　会计		出票人签章　复核　记账

济南市税务局
印花税票报销专用凭证

甲 No. 1195108

购买单位：力峰焊接设备有限公司 地址：济南市山大北路128号 2018年12月17日

印花税票面值	单位	数量	税额								备注
			十	万	千	百	十	元	角	分	
壹角	枚										
贰角	枚										
伍角	枚										
壹角	枚										
贰元	枚	15					3	0	0	0	
伍元	枚	26				1	3	0	0	0	
壹拾元	枚	40				4	0	0	0	0	
伍拾元	枚	8				4	0	0	0	0	
壹佰元	枚	5				5	0	0	0	0	
合计人民币（大写）壹仟肆佰陆拾元整				¥	1	4	6	0	0	0	

第一联 收据联

经办单位：济南市税务局历城区分局第四税务所印花税收讫章(3)　　经办人　施敏

经济业务(62)

领 料 单

No. 009233

领料部门：　　　　年　月　日　　　　发料仓库：

材料类别	名称及规格	计量单位	数量	计划单价	金额	用途

仓库主管：　　发料人：　　领料部门主管：　　领料人：

领　料　单

No. 009234

领料部门：　　　　　　　　　　年　月　日　　　　发料仓库：

材料类别	名称及规格	计量单位	数量	计划单价	金额	用途

仓库主管：　　　　发料人：　　　　　领料部门主管：　　　　领料人：

领　料　单

No. 009235

领料部门：　　　　　　　　　　年　月　日　　　　发料仓库：

材料类别	名称及规格	计量单位	数量	计划单价	金额	用途

仓库主管：　　　　发料人：　　　　　领料部门主管：　　　　领料人：

领 料 单

No. 009236

领料部门： 年 月 日 发料仓库：

材料类别	名称及规格	计量单位	数量	计划单价	金额	用途

仓库主管： 发料人： 领料部门主管： 领料人：

领 料 单

No. 009237

领料部门： 年 月 日 发料仓库：

材料类别	名称及规格	计量单位	数量	计划单价	金额	用途

仓库主管： 发料人： 领料部门主管： 领料人：

经济业务(63)

力峰焊接设备有限公司财产物资盘盈盘亏报告单

类别：　　　　　　　　　　　　年　月　日

名　称	规格	单位	单价	账面数		清点数		盘　盈		盘　亏		备注
				数量	金额	数量	金额	数量	金额	数量	金额	
合计	×	×	×	×		×		×		×		
原因分析：						审批意见：						

第一联

单位(盖章)　　　　财务科负责人：　　　　制表：

经济业务(64)

收　　据

№ 4361566

年　　月　　日

交款单位____________________________

人民币(大写)________________________　￥__________

系　　付____________________________

③记账联

现　金	
支　票	
付　委	

收款单位(盖章有效)　　财务________　经手人________

经济业务(65)

领　料　单

No. 009238

领料部门：　　　　　　　　　年　月　日　　　　发料仓库：

材料类别	名称及规格	计量单位	数量	计划单价	金额	用途

仓库主管：　　　　发料人：　　　　　领料部门主管：　　　　领料人：

经济业务(66)

领　料　单

No. 009239

领料部门：　　　　　　　　　年　月　日　　　　发料仓库：

材料类别	名称及规格	计量单位	数量	计划单价	金额	用途

仓库主管：　　　　发料人：　　　　　领料部门主管：　　　　领料人：

领 料 单

No. 009240

领料部门： 年 月 日 发料仓库：

材料类别	名称及规格	计量单位	数量	计划单价	金额	用途

仓库主管： 发料人： 领料部门主管： 领料人：

领 料 单

No. 009241

领料部门： 年 月 日 发料仓库：

材料类别	名称及规格	计量单位	数量	计划单价	金额	用途

仓库主管： 发料人： 领料部门主管： 领料人：

领　料　单

No. 009242

领料部门：　　　　　　　　　年　月　日　　　　发料仓库：

材料类别	名称及规格	计量单位	数量	计划单价	金额	用途

仓库主管：　　　　发料人：　　　　　领料部门主管：　　　　　领料人：

经济业务(67)

山东增值税专用发票

3700186540　　　　　　　　　　　　　　№ 0069732

记　账　联

开票日期：2018 年 12 月 21 日

购买方	名　称：顺通钢窗厂 纳税人识别号：370102723804596 地 址、电 话：济南市工业南路 67 号　0531－88596470 开户行及账号：建设银行开发区支行　541265128926			密码区	6697<96－＊<5599>2＊90631 7<3>67－672>＊2＊<4>－7/＊ －＊77<62－9</28＋941－3－9 4>5352/>4637－94－>>>＊0		加密版本：01 3700092130 0069732
货物或应税劳务、服务名称	规格型号	单位	数量	单价	金　额	税率	税　额
焊机	250	台	14	10 000.00	140 000.00	16%	22 400.00
合　　计					¥140 000.00		¥22 400.00
价税合计(大写)	⊗壹拾陆万贰仟肆佰元整				(小写)　¥162 400.00		
销售方	名　称：力峰焊接设备有限公司 纳税人识别号：370102345600123 地 址、电 话：济南市山大北路 128 号　0531－88667722 开户行及账号：建设银行和平里支行　370016168972			备注	力峰焊接设备有限公司 税号：370102345600123 发票专用章		

第一联：记账联　销售方记账凭证

收款人：陈斐　　　　复核：李志　　　　开票人：陈斐　　　　销货单位(章)

中国工商银行　转账支票　（鲁）　**FM27513549**

本支票付款期限十天

出票日期（大写）贰零壹捌年壹拾贰月壹拾玖日　　付款行名称：工商银行文西支行

收款人：顺通钢窗厂　　出票人账号：164423085428

人民币（大写）	亿	千	百	十	万	千	百	十	元	角	分
壹拾陆万伍仟元整			¥	1	6	5	0	0	0	0	0

用途　货款

上列款项请从我账户内支付

出票人签章　　利源建材公司 财务专用章　　韩建印　斌

科目（借）

对方科目（贷）

转账日期　年　月　日

复核　记账

中国建设银行
China Construction Bank

进账单（回　单）　1

年　月　日

出票人			收款人		
	全　称			全　称	
	账　号			账　号	
	开户银行			开户银行	

金额	人民币（大写）	亿	千	百	十	万	千	百	十	元	角	分

票据种类		票据张数	
票据号码			

复核　记账　　开户银行签章

此联是开户银行交给持（出）票人的回单

被背书人　力峰焊接设备有限公司	被背书人
顺通钢窗厂 财务专用章　李国华印 背书人签章 2018 年 12 月 21 日	背书人签章 年　月　日

贴粘单处

中国建设银行（鲁）
转账支票存根
CE003975
科 目______
对方科目______
出票日期： 年 月 日

收款人：	
金 额：	
用 途：	

单位主管 会计

中国建设银行 转账支票 （鲁） CE003975

本支票付款期限十天

出票日期(大写) 年 月 日 付款行名称：
收款人： 出票人账号：

人民币（大写）	亿	千	百	十	万	千	百	十	元	角	分

用途______ 科目(借)______
上列款项请从 对方科目(贷)______
我账户内支付 转账日期 年 月 日
出票人签章 复核 记账

经济业务(68)

力峰焊接设备有限公司
设备报废申请单

2018年12月20日

设备名称	铣床	预计使用年限	10年	已使用年限	9年
设备编号	J8143—03	原 值	120 000.00	已提折旧	103 680.00
使用部门	加工车间	折余价值	16 320.00	预计残值	4 800.00
报废原因	主要部件已磨损	技术部门意见	生产精度达不到标准，影响产品质量，建议报废。 高 阳		
报废处理建议	送废品公司回收	设备部门意见	同意报废。 王培根		
企业领导意见	同意。 孙永平	报废日期	2018年12月20日		

经办部门：设备科 经办人：吴 英

经济业务(69)

托收号码：No. 064089 64894084

委托银行收款凭证（付款通知 代收据）④ 专用

委托银行日期 2018 年 12 月 21 日

此联是付款单位开户银行给付款单位的付款通知

付款人	全　称	力峰焊接设备有限公司	收款人	全　称	中国联通济南分公司
	账　号	370016168972		账　号	254608489445
	开户银行	建设银行和平里支行		开户银行	工商银行济南市分行营业处
金额	人民币（大写）	玖仟伍佰壹拾伍元整		千百十万千百十元角分	¥951500
结算原因	电话费	合同号码	3203FD00	附寄单证张数	

会计分录
（　）________
对方科目（　）________
会计　出纳　复核　记账

上列款项已根据收款单位委托从你单位账户付出：

建设银行和平里支行
业务章 2018.12.21

（付款单位开户银行盖章）

山东增值税专用发票

全国统一发票监制章 山东 国家税务局监制

3700186540　　　　No 08472160

发　票　联

开票日期:2018 年 12 月 21 日

购买方	名　　称:力峰焊接设备有限公司 纳税人识别号:370102345600123 地 址 、电 话:济南市山大北路 128 号　0531－88667722 开户行及账号:建设银行和平里支行　370016168972	密码区	1627＜96－＊＜5599＞2＊90631 7＜3＞67－672＞＊2＊＜4＞－7/＊ －＊77＜62－9＜/28＋941－3－9 4＞5352/＞4637－94－＞＞＞＊0 加密版本:01 3700094723 08472160

货物或应税劳务、服务名称	规格型号	单位	数量	单价	金　额	税率	税　额
电话费	2018 年 11 月				8 650.00	10%	865.00
合　　计					¥8 650.00		¥865.00
价税合计(大写)	⊗玖仟伍佰壹拾伍元整				(小写)　¥9 515.00		

销售方	名　　称:中国联通济南分公司 纳税人识别号:370111234500203 地 址 、电 话:济南市纬六路 9 号　0531－87925716 开户行及账号:工商银行槐荫支行　390030450892	备注	

第三联:发票联　购买方记账凭证

收款人:吴庆　　复核:胡志强　　开票人:吴庆　　销货单位:(章)

中国联通济南分公司
税号:370111234500203
发票专用章

经济业务(70)

山东增值税专用发票

全国统一发票监制章 山东 国家税务总局监制

3700186540　　　　　　　　　　　　　　№ 08475397

发　票　联

开票日期:2018 年 12 月 21 日

购买方	名　　称:力峰焊接设备有限公司 纳税人识别号:370102345600123 地　址、电　话:济南市山大北路 128 号　0531－88667722 开户行及账号:建设银行和平里支行　370016168972	密码区	1627<96－＊<5599>2＊90631　加密版本:01 7<3>67－672>＊2＊<4>－7/＊　3700094726 －＊77<62－9</28＋941－3－9　08475397 4>5352/>4637－94－>>>＊0

货物或应税劳务、服务名称	规格型号	单位	数量	单价	金　额	税率	税　额
电梯维护			1	1 540.00	1 540.00	6%	92.40
合　计					¥1 540.00		¥92.40
价税合计(大写)	⊗壹仟陆佰叁拾贰元肆角整				(小写)　¥1 632.40		

销售方	名　　称:新华电梯工程公司 纳税人识别号:370111234500317 地　址、电　话:济南市山大路 20 号　0531－87924263 开户行及账号:工商银行山大路支行　390030451796	备注	新华电梯工程公司 税号:370111234500317 发票专用章

收款人:王磊　　　　复核:刘东　　　　开票人:王磊　　　　销货单位:(章)

第三联:发票联　购买方记账凭证

中国建设银行转账支票存根(鲁)	中国建设银行　转账支票　(鲁)　CE003976
CE003976	出票日期(大写)　年　月　日　付款行名称:
科　　目	收款人:　　　　出票人账号:
对方科目	人民币(大写)　亿 千 百 十 万 千 百 十 元 角 分
出票日期:　年　月　日	本支票付款期限十天
收款人:	用途　　　　科目(借)
金　额:	上列款项请从　　　　对方科目(贷)
用　途:	我账户内支付　　　　转账日期　年　月　日
单位主管　　会计	出票人签章　　　　复核　　记账

经济业务(71)

山东增值税专用发票

3700186540　　　　　　　　　　　　　　№ 0069733

记　账　联

开票日期:2018 年 12 月 22 日

购买方	名　　称:历城废品回收公司 纳税人识别号:370102723808010 地 址 、电 话:济南市山大北路 369 号　0531-88596423 开户行及账号:中国银行历城支行　370142365529			密码区	6697<96-*<5599>2*90631 7<3>67-672>*2*<4>-7/* -*77<62-9</28+941-3-9 4>5352/>4639-94->>>*0		加密版本:01 3700092130 0069733
货物或应税劳务、服务名称	规格型号	单位	数量	单价	金　额	税率	税　额
铣床	报废	台	1	4 260.00	4 260.00	16%	681.60
合　计					¥4 260.00		¥681.60
价税合计(大写)	⊗肆仟玖佰肆拾壹元陆角整				(小写)　¥4 941.60		
销售方	名　　称:力峰焊接设备有限公司 纳税人识别号:370102345600123 地 址 、电 话:济南市山大北路 128 号　0531-88667722 开户行及账号:建设银行和平里支行　370016168972			备注	力峰焊接设备有限公司 税号:370102345600123 发票专用章		

收款人:陈斐　　　　复核:李志　　　　开票人:陈斐　　　　销货单位:(章)

第一联:记账联　销售方记账凭证

中国银行　转账支票　(鲁)　EG09372114

本支票付款期限十天

出票日期(大写)贰零壹捌年壹拾贰月贰拾贰日　　　　付款行名称:中国银行历城支行

收款人:力峰焊接设备有限公司　　　　出票人账号:370142365529

人民币(大写)	亿	千	百	十	万	千	百	十	元	角	分
肆仟玖佰肆拾壹元陆角整					¥	4	9	4	1	6	0

用途支付收购款　　　　　　　　科目(借)

上列款项请从　　　　　　　　　对方科目(贷)

我账户内支付　　　　　　　　　转账日期　　年　月　日

出票人签章　　　　　　　　　　复核　　　　记账

历城废品回收公司 财务专用章　　黄伟

山东增值税普通发票

3700184640　　　　　　　　　　　　№ 08972763

发　票　联

开票日期:2018 年 12 月 22 日

购买方	名　　称:力峰焊接设备有限公司 纳税人识别号:370102345600123 地 址 、电 话:济南市山大北路 128 号　0531－88667722 开户行及账号:建设银行和平里支行　370016168972	密码区	7742＜96－＊＜5599＞2＊90631 7＜3＞67－672＞＊2＊＜4＞－7/＊ －＊77＜62－9＜/28＋941－3－9 4＞5352/＞4637－94－＞＞＞＊0 加密版本:01 3700092662 08972763

货物或应税劳务、服务名称	规格型号	单位	数量	单价	金　额	税率	税　额
市内运费	铣床	台	1	233.00	233.00	3%	7.00
合　　计					￥233.00		￥7.00
价税合计(大写)	⊗贰佰肆拾元整				(小写)　￥240.00		

销售方	名　　称:历城运输服务公司 纳税人识别号:370102779723743 地 址 、电 话:济南市工业北路 180 号　0531－82350365 开户行及账号:工商银行工业北路支行　160202310427	备注	

收款人:郑丽　　　复核:宋燕　　　开票人:郑丽　　　销货单位:(章)

历城运输服务公司
税号:370102779723743
发票专用章

第三联:发票联　购买方记账凭证

中国建设银行
China Construction Bank

进账单（回　单）　1

年　月　日

出票人	全　称		收款人	全　称	
	账　号			账　号	
	开户银行			开户银行	
金额	人民币（大写）				亿 千 百 十 万 千 百 十 元 角 分
票据种类		票据张数			
票据号码					
复核　记账				开户银行签章	

此联是开户银行交给持（出）票人的回单

经济业务(72)

中国工商银行计收利息清单（付款通知）

账号：390006833068　　2018年12月21日

单位名称	力峰焊接设备有限公司	结算户	390006833068
计息起讫日期	2018/09/21～2018/12/20		

贷款户账号	计息总积数	利率(月)	利息金额
390068974326	136 500 000.00	7.65‰	34 807.50

你单位上述应偿借款利息已从你单位账户划出

工商银行济南市分行业务章 2018.12.21

复核　记账

此　致

借款单位　（银行盖章）

经济业务(73)

中国建设银行计收利息清单(付款通知)

账号:370016168972　　　　2018年12月21日

单位名称	力峰焊接设备有限公司	结算户	370016168972
计息起讫日期	2018/09/21～2018/12/20		
贷款户账号	计息总积数	利率(月)	利息金额
370302257011	182 000 000.00	9.15‰	55 510.00

你单位上述应偿借款利息已从你单位账户划出

建设银行和平里支行业务章 2018.12.21

此　致

借款单位　（银行盖章）

复核　　记账

中国建设银行计收利息清单(付款通知)

账号:370016168972　　　　2018年12月21日

单位名称	力峰焊接设备有限公司	结算户	370016168972
计息起讫日期	2018/12/09～2018/12/20		
贷款户账号	计息总积数	利率(月)	利息金额
370016161234	6 000 000.00	7.65‰	1 530.00

你单位上述应偿借款利息已从你单位账户划出

建设银行和平里支行业务章 2018.12.21

此　致

借款单位　（银行盖章）

复核　　记账

经济业务(74)

中国建设银行计付利息清单(收款通知)

账号:370016168972　　　　　2018 年 12 月 21 日

单位名称	力峰焊接设备有限公司	结算户	370016168972

计息起讫日期	2018/09/21～2018/12/20

存款户账号	计息总积数	利率(月)	利息金额
370016168972	67 913 177.32	2.625‰	5 942.40

你单位上述存款利息已收入你单位账户

此　致

存款单位　　(银行盖章)

建设银行和平里支行业务章 2018.12.21

复核　　　记账

经济业务(75)

中国工商银行计付利息清单(收款通知)

账号:390006833068　　　　　2018 年 12 月 21 日

单位名称	力峰焊接设备有限公司	结算户	390006833068

计息起讫日期	2018/09/21～2018/12/20

存款户账号	计息总积数	利率(月)	利息金额
390006833068	15 881 033.76	2.625‰	1 389.59

你单位上述存款利息已收入你单位账户

此　致

存款单位　　(银行盖章)

工商银行济南市分行业务章 2018.12.21

复核　　　记账

经济业务(76)

(流动资金贷款)还款凭证(回　单)　④

此联转账后作回单，退借款单位并代往来户支款通知。

原借款凭证

单位编号：　　日期：　　年　月　日　　　　原借款凭证银行编号：

<table>
<tr><td rowspan="3">付款人</td><td>名　称</td><td></td><td rowspan="3">借款人</td><td>名　称</td><td colspan="10"></td></tr>
<tr><td>往来户账号</td><td></td><td>放款户账号</td><td colspan="10"></td></tr>
<tr><td>开户银行</td><td></td><td>开户银行</td><td colspan="10"></td></tr>
<tr><td colspan="2">计划还款日期</td><td>年　月　日</td><td colspan="2">还款次序</td><td colspan="10">第　　次还款</td></tr>
<tr><td colspan="2" rowspan="2">借款金额</td><td colspan="3" rowspan="2">人民币：
(大写)</td><td>千</td><td>百</td><td>十</td><td>万</td><td>千</td><td>百</td><td>十</td><td>元</td><td>角</td><td>分</td></tr>
<tr><td></td><td></td><td></td><td></td><td></td><td></td><td></td><td></td><td></td><td></td></tr>
<tr><td colspan="2">还款内容</td><td colspan="13"></td></tr>
<tr><td colspan="3">备注：</td><td colspan="12">上述借款已从你单位往来账户内转还　此致
借款单位

(银行盖章)　年　月　日</td></tr>
</table>

经济业务(77)

委托银行收款凭证(付款通知)④ 专用

托收号码：No. 109728

委托日期 2018 年 12 月 21 日　　21509767

此联是付款单位开户银行给付款单位的付款通知

付款人	全　称	力峰焊接设备有限公司	收款人	全　称	济南市自来水公司
	账　号	370016168972		账　号	390004684392
	开户银行	建设银行和平里支行		开户银行	工商银行济南市分行

金额	人民币(大写)柒仟零肆拾元零伍分	千	百	十	万	千	百	十	元	角	分
					¥	7	0	4	0	0	5

结算原因	水费	合同号码	109436	附寄单证张　数	

会计分录

(　)____________

对方科目(　)____________

会计　出纳　复核　记账

上列款项已根据收款单位委托从你单位账户付出：

建设银行和平里支行
业务章 2018.12.21

(付款单位开户银行盖章)

山东增值税专用发票

（印章：全国统一发票监制章 山东 国家税务总局监制）

3700186540　　　　　　　　　　　　　　　　　№ 08475490

发　票　联

开票日期：2018年12月21日

购买方	名　　　称：力峰焊接设备有限公司 纳税人识别号：370102345600123 地 址 、电 话：济南市山大北路128号　0531－88667722 开户行及账号：建设银行和平里支行　370016168972	密码区	1627<96－＊<5599>2＊90631 7<3>67－672>＊2＊<4>－7/＊ －＊77<62－9</28＋941－3－9 4>5352/>4637－94－>>>＊0
			加密版本：01 3700092653 08475490

货物或应税劳务、服务名称	规格型号	单位	数量	单价	金　额	税率	税　额
水费	2018年11月	立方	1 708.75	4.00	6 835.00	3%	205.05
合　　计					￥6 835.00		￥205.05
价税合计（大写）	⊗柒仟零肆拾元零伍分				（小写）　￥7 040.05		

销售方	名　　　称：济南市自来水公司 纳税人识别号：370111234500780 地 址 、电 话：济南市大槐树街96号　0531－87924217 开户行及账号：工商银行济南市分行　390004684392	备注	（印章：济南市自来水公司 税号：370111234500780 发票专用章）

收款人：齐飞　　　　复核：张山　　　　开票人：齐飞　　　　销货单位：（章）

第三联：发票联　购买方记账凭证

水费分配计算表

年　　月

部　门	应借科目	分配比例	金　额
小　计			
应交税费——应交增值税（进项税额）			
合　计			

经济业务(78)

委托银行收款凭证(付款通知)④ 专用

托收号码：No. 109460

委托日期2018年12月21日　　21502114

此联是付款单位开户银行给付款单位的付款通知

<table>
<tr><td rowspan="3">付款人</td><td>全　称</td><td>力峰焊接设备有限公司</td><td rowspan="3">收款人</td><td>全　称</td><td colspan="3">济南市供电局</td></tr>
<tr><td>账　号</td><td>370016168972</td><td>账　号</td><td colspan="3">376008245219</td></tr>
<tr><td>开户银行</td><td>建设银行和平里支行</td><td>开户银行</td><td colspan="3">工商银行市中支行</td></tr>
<tr><td>金额</td><td colspan="4">人民币(大写)肆万壹仟壹佰叁拾叁元陆角整</td><td colspan="3">千|百|十|万|千|百|十|元|角|分
　|　|¥|4|1|1|3|3|6|0</td></tr>
<tr><td>结算原因</td><td colspan="2">电费</td><td>合同号码</td><td>236519</td><td colspan="2">附寄单证张数</td><td></td></tr>
<tr><td colspan="3">会计分录
(　)________
对方科目(　)________
会计　出纳　复核　记账</td><td colspan="5">上列款项已根据收款单位委托从你单位账户付出：
建设银行和平里支行
业务章 2018.12.21
(付款单位开户银行盖章)</td></tr>
</table>

山东增值税专用发票

3700186540　　　　　　　　　　No 06843926

发　票　联

开票日期：2018年12月21日

购买方	名　　称：力峰焊接设备有限公司 纳税人识别号：370102345600123 地 址 、电 话：济南市山大北路128号　0531－88667722 开户行及账号：建设银行和平里支行　370016168972	密码区	3962＜96－*＜5599＞2*90631 7＜3＞67－672＞*2*＜4＞－7/* －*77452－9＜/28＋941－3－9 4＞5382/＞4637－94－＞＞＞*0
		加密版本：01 3700093130 06843926	

货物或应税劳务、服务名称	规格型号	单位	数量	单价	金　额	税率	税　额
电费	2018年11月	度	70 920	0.50	35 460.00	16%	5 673.60
合　计					¥35 460.00		¥5 673.60
价税合计（大写）	⊗肆万壹仟壹佰叁拾叁元陆角整				（小写）　¥41 133.60		

销售方	名　　称：济南市供电局 纳税人识别号：370101436900528 地 址 、电 话：济南市经七路28号　0531－82093367 开户行及账号：工商银行市中支行　376008245219	备注	济南市供电局 税号：370101436900528 发票专用章

第三联：发票联　购买方记账凭证

收款人：崔振　　　　复核：张文　　　　开票人：崔振　　　　销货单位：（章）

电费分配计算表

年　　月

部　门	应借科目	分配比例	金　额
小　　计			
应交税费——应交增值税（进项税额）			
合　　计			

经济业务(79)

力峰焊接设备有限公司 费用报销单

No. 0005529

2018 年 12 月 23 日

请详细写明报销内容

姓名	摘　要	膳用金额	车费金额	其他费用金额
杨哲	加工车间办公用品			10790
	变压器车间办公用品			42670
	装配车间办公用品			52780
	增值税进项税额			17000
合计(大写)	壹仟贰佰叁拾贰元肆角整	合计		1 23240
		¥1 232.40		

现金付讫

第一联 记账联

车间部门 行政管理科　　审核 杨荐莲　　制单 李志　　收款 杨哲

山东增值税专用发票

全国统一发票监制章 山东 国家税务总局监制

3700186540　　　　No 08979674

发　票　联

开票日期:2018 年 12 月 23 日

购买方		密码区	
名　　称:力峰焊接设备有限公司		7742＜96－＊＜5599＞2＊90631	加密版本:01
纳税人识别号:370102345600123		7＜3＞67－672＞＊2＊＜4＞－7/＊	3700094239
地 址 、电 话:济南市山大北路 128 号　0531－88667722		－＊77＜62－9＜/28＋941－3－9	08979674
开户行及账号:建设银行和平里支行　370016168972		4＞5352/＞4637－94－＞＞＞＊0	

货物或应税劳务、服务名称	规格型号	单位	数量	单价	金　额	税率	税　额
质量检验表	0523	只	5	167.24	836.20	16%	133.80
计算器	0581	只	8	21.00	168.00	16%	26.88
圆珠笔	0508	只	20	2.91	58.20	16%	9.32
合　计					¥1 062.40		¥170.00
价税合计(大写)	⊗壹仟贰佰叁拾贰元肆角整			(小写)　¥1 232.40			

销售方	备注
名　　称:川江百货公司	
纳税人识别号:370102779723714	
地 址 、电 话:济南市堤口路 5 号　0531－82350427	
开户行及账号:工商银行堤口路支行　160202310169	

川江百货公司 税号:370102779723714 发票专用章

第三联:发票联 购买方记账凭证

收款人:于月　　复核:吴东　　开票人:于月　　销货单位:(章)

经济业务(80)

中国建设银行 转账支票存根（鲁） CE003977	中国建设银行　转账支票　（鲁）　CE003977
科　　目＿＿＿＿	出票日期(大写)　　年　　月　　日　付款行名称：
对方科目＿＿＿＿	收款人：　　出票人账号：
出票日期：　年　月　日	本支票付款期限十天
收款人：	人民币（大写）[redacted] 亿 千 百 十 万 千 百 十 元 角 分
金　额：	用途＿＿＿＿　　科目(借)＿＿＿＿
用　途：	上列款项请从我账户内支付　　对方科目(贷)＿＿＿＿
单位主管　　会计	出票人签章　　转账日期　年　月　日　复核　记账

山东增值税专用发票

3700186540　　No 08974719

发　票　联

开票日期：2018 年 12 月 23 日

购买方	名　　称：力峰焊接设备有限公司 纳税人识别号：370102345600123 地 址 、电 话：济南市山大北路 128 号　0531－88667722 开户行及账号：建设银行和平里支行　370016168972	密码区	7742<96－＊<5599>2＊90631　加密版本：01 7<3>67－672>＊2＊<4>－7/＊　3700090265 －＊77<62－9</28+941－3－9　08974719 4>5352/>4637－94－>>>＊0

货物或应税劳务、服务名称	规格型号	单位	数量	单价	金　额	税率	税　额
机动车辆保险费	2019 年全年			5 844.00	5 844.00	6%	350.64
合　计					￥5 844.00		￥350.64
价税合计(大写)	⊗陆仟壹佰玖拾肆元陆角肆分				（小写）￥6 194.64		

销售方	名　　称：太平洋保险公司 纳税人识别号：370102779723663 地 址 、电 话：济南市和平路 56 号　0531－82350410 开户行及账号：农业银行和平路支行　160202310864	备注	太平洋保险公司 税号：370102779723663 发票专用章

收款人：林云　　复核：赵亮　　开票人：林云　　销货单位：(章)

第三联：发票联　购买方记账凭证

山东增值税专用发票

3700186540　　　　　　　　　　　　　　　　№ 08974720

发　票　联

开票日期:2018 年 12 月 23 日

购买方	名　　　称:力峰焊接设备有限公司 纳税人识别号:370102345600123 地 址 、电 话:济南市山大北路 128 号　0531－88667722 开户行及账号:建设银行和平里支行　370016168972	密码区	7742<96－＊<5599>2＊90631　加密版本:01 7<3>67－672>＊2＊<4>－7/＊　3700090265 －＊77<6－9</28＋941－3－9　08974720 4>5352/>4637－94－>>>＊0

货物或应税劳务、服务名称	规格型号	单位	数量	单价	金　额	税率	税　额
财产保险费	2019 年全年			23 178.00	23 178.00	6%	1 390.68
合　　计					¥23 178.00		¥1 390.68
价税合计(大写)	⊗贰万肆仟伍佰陆拾捌元陆角捌分				(小写)　¥24 568.68		

销售方	名　　　称:太平洋保险公司 纳税人识别号:370102779723663 地 址 、电 话:济南市和平路 56 号　0531－82350410 开户行及账号:农业银行和平路支行　160202310864	备注	太平洋保险公司 税号:370102779723663 发票专用章

收款人:林云　　　　复核:赵亮　　　　开票人:林云　　　　销货单位:(章)

第三联:发票联　购买方记账凭证

经济业务(81)

山东增值税专用发票

（印章：全国统一发票监制章 山东 国家税务总局监制）

3700186540　　　　　　　　　　　　　№ 0069734

记　账　联

开票日期：2018 年 12 月 24 日

购买方	名　　　称：石家庄旅行车厂 纳税人识别号：410206274930422 地 址 、电 话：石家庄市前进路 5 号　0311－86232061 开户行及账号：中国银行石家庄分行　320121245676	密码区	6323＜96－＊＜5599＞2＊90631 7＜3＞67－672＞＊2＊＜4＞－7/＊ －＊77＜62－9＜/28＋941－3－9 4＞5352/＞4637－94－＞＞＞＊0
			加密版本：01 3700092130 0069734

货物或应税劳务、服务名称	规格型号	单位	数量	单价	金　额	税率	税　额
焊机	200	台	15	8 000.00	120 000.00	16%	19 200.00
焊机	250	台	14	10 000.00	140 000.00	16%	22 400.00
合　计					￥260 000.00		￥41 600.00
价税合计(大写)	⊗叁拾万壹仟陆佰元整				（小写） ￥301 600.00		

销售方	名　　　称：力峰焊接设备有限公司 纳税人识别号：370102345600123 地 址 、电 话：济南市山大北路 128 号　0531－88667722 开户行及账号：建设银行和平里支行　370016168972	备注	（印章：力峰焊接设备有限公司 税号：370102345600123 发票专用章）

第一联：记账联　销售方记账凭证

收款人：陈斐　　　　复核：李志　　　　开票人：陈斐　　　　销货单位：(章)

付款期限
壹 个 月

中国银行
银行汇票　2

ⅨX00448988

出票日期（大写）　贰零壹捌年壹拾贰月贰拾贰日

代理付款行：中国银行石家庄分行　行号:0682

收款人:力峰焊接设备有限公司	账号:370016168972										
出票金额 人民币（大写）	~~叁拾万壹仟陆佰元整~~										
实际结算金额 人民币（大写）	叁拾万壹仟陆佰元整	千	百	十	万	千	百	十	元	角	分
			¥	3	0	1	6	0	0	0	0

申请人:石家庄旅行车厂

账号:320121245676

出票行:中国银行石家庄分行　行号:0682

备注:货款

凭票付款　中国银行石家庄分行 业务章 2018.12.22

出票行签章

密押：										
多余金额										
千	百	十	万	千	百	十	元	角	分	
										复核　记账

此联代理付款行付款后作联行往账借方凭证附件

付款期限
壹 个 月

中国银行
银行汇票（解讫通知）　3

XI00448988

出票日期（大写）　贰零壹捌年壹拾贰月贰拾贰日

代理付款行：中国银行石家庄分行　行号:0682

收款人:力峰焊接设备有限公司	账号:370016168972										
出票金额 人民币（大写）	叁拾万壹仟陆佰元整										
实际结算金额 人民币（大写）	~~叁拾万壹仟陆佰元整~~	千	百	十	万	千	百	十	元	角	分
			¥	3	0	1	6	0	0	0	0

申请人:石家庄旅行车厂

账号:320121245676

出票行:中国银行石家庄分行　行号:0682

备注:货款

代理付款行盖章　中国银行石家庄分行 业务章 2018.12.22

复核　经办

密押：										
多余金额										
千	百	十	万	千	百	十	元	角	分	
										复核　记账

此联代理付款行兑付后随报单寄出票行，由出票行作多余款贷方凭证

中国建设银行
China Construction Bank

进账单（回　单）　1

年　　月　　日

出票人	全　称		收款人	全　称	
	账　号			账　号	
	开户银行			开户银行	
金额	人民币（大写）				亿 千 百 十 万 千 百 十 元 角 分
票据种类		票据张数			
票据号码					
复核　　记账				开户银行签章	

此联是开户银行交给持（出）票人的回单

经济业务（82）

山东增值税专用发票

3700186540　　　　№ 12479661

全国统一发票监制章　山东　国家税务总局监制

发　票　联

开票日期：2018 年 12 月 24 日

购买方	名　　称：力峰焊接设备有限公司 纳税人识别号：370102345600123 地 址 、电 话：济南市山大北路 128 号　0531－88667722 开户行及账号：建设银行和平里支行　370016168972	密码区	4463<96－＊<5599>2＊90631　加密版本：01 7<3>67－672>＊2＊<4>　7/＊　3700091130 －＊77<62－9</28＋941－3－9　12479661 4>5352/>4637－94－>>>＊0

货物或应税劳务、服务名称	规格型号	单位	数量	单价	金　额	税率	税　额
焊枪		把	100	345.00	34 500.00	16%	5 520.00
合　计					¥34 500.00		¥5 520.00
价税合计（大写）	⊗肆万零贰拾元整				（小写）	¥40 020.00	

销售方	名　　称：鲁北电子器材厂 纳税人识别号：370119123404567 地 址 、电 话：济南市大桥路 28 号　0531－87960032 开户行及账号：农业银行金牛支行　370003344056	备注	鲁北电子器材厂　税号：370119123404567　发票专用章

收款人：陈飞　　复核：李国强　　开票人：陈飞　　销货单位：（章）

第三联：发票联　购买方记账凭证

中国建设银行 转账支票存根（鲁） CE003978	中国建设银行　转账支票　（鲁）　CE003978
科　　目________ 对方科目________ 出票日期　　年　月　日 收款人： 金　额： 用　途： 单位主管　　会计	本支票付款期限十天 出票日期(大写)　　年　　月　　日　付款行名称： 收款人：　　　　出票人账号： 人民币（大写）　亿 千 百 十 万 千 百 十 元 角 分 用途________　　科目(借)________ 上列款项请从　　对方科目(贷)________ 我账户内支付　　转账日期　　年　月　日 出票人签章　　复核　　记账

收　料　单

No. 2097250

供货单位：________

发票号码：________　　　年　月　日　　　收货仓库：________

材料类别	名称及规格	计量单位	数量		实际成本		计划成本		差异
			应收	实收	单价	金额	单价	金额	

记账联

质量检验：　　　　收料：　　　　制单：

经济业务(83)

领　料　单

No. 009243

领料部门：　　　　　　　　　年　月　日　　　　发料仓库：

材料类别	名称及规格	计量单位	数量	计划单价	金额	用途

仓库主管：　　　发料人：　　　领料部门主管：　　　领料人：

经济业务(84)

中国工商银行信汇凭证(回　单)　1 No. 70981411

委托日期　　　年　　月　　日

汇款人	全称				收款人	全称			
	账号或住址					账号或住址			
	汇出地点	省　市县	汇出行名称			汇入地点	省　市县	汇入行名称	
金额	人民币（大写）								千百十万千百十元角分
汇款用途：									

上列款项已根据委托办理，如须查询，请持此回单来行面洽。

汇出行盖章

年　月　日

此联是汇出行给汇款人的回单

单位主管　　会计　　复核　　记账

经济业务(85)

领　料　单

No. 009244

领料部门：　　　　　　年　月　日　　　发料仓库：

材料类别	名称及规格	计量单位	数量	计划单价	金额	用途

仓库主管：　　　发料人：　　　领料部门主管：　　　领料人：

经济业务(86)

中国建设银行
转账支票存根(鲁)

CE003979

科　　目________

对方科目________

出票日期　　年　月　日

收款人：	
金　额：	
用　途：	

单位主管　　会计

本支票付款期限十天

中国建设银行　转账支票　(鲁)　CE003979

出票日期(大写)　　年　　月　　日　付款行名称：

收款人：　　　　　　　　出票人账号：

人民币(大写)	亿	千	百	十	万	千	百	十	元	角	分

用途________

上列款项请从

我账户内支付

出票人签章

科目(借)________

对方科目(贷)________

转账日期　　年　月　日

复核　　记账

山东增值税专用发票

全国统一发票监制章 山东 国家税务总局监制

3700186540　　　　　　　　　　　　　　　　№ 08476403

发　票　联

开票日期:2018年12月25日

购买方	名　　称:力峰焊接设备有限公司 纳税人识别号:370102345600123 地 址 、电 话:济南市山大北路128号　0531－88667722 开户行及账号:建设银行和平里支行　370016168972	密码区	1627<96－＊<5599>2＊90631　加密版本:01 7<3>67－672>＊2＊<4>－7/＊　3700094298 －＊77<62－9</28＋941－3－9　08476403 4>5352/>4637－94－>>>＊0

货物或应税劳务、服务名称	规格型号	单位	数量	单价	金　额	税率	税　额
横式广告	RT－203		1	96 000.00	96 000.00	6%	5 760.00
合　计					¥96 000.00		¥5 760.00
价税合计(大写)	⊗壹拾万壹仟柒佰陆拾元整					(小写)	¥101 760.00

销售方	名　　称:海昌广告公司 纳税人识别号:370111234500276 地 址 、电 话:济南市解放路76号　0531－87924347 开户行及账号:工商银行解放路支行　390030451396	备注	海昌广告公司 税号:370111234500276 发票专用章

收款人:王建军　　　　复核:陈宁　　　　开票人:王建军　　　　销货单位:(章)

第三联:发票联　购买方记账凭证

经济业务(87)

954

12/25/18

中泰证券中央登记结算公司

成交过户交割单　　卖

股东编号	D218436759	成交证券	东大股份
电脑编号	12308	成交数量	50 000
公司名称	中泰	成交价格	13.376
申报编号	178	成交金额	668 800.00
申报时间	104523	佣　　金	2 145.30
成交时间	104523	过 户 费	0
上次余额	500(手)	印 花 税	0
本次成交	500(手)	应收金额	666 654.70
本次余额	0(手)	到期日期	
本次库存	0(手)	到期金额	

济南市税务局监制

③通知联

经办单位[1110]　　　　　[169]　　　　　客户签章________

经济业务(88)

中国建设银行　转账支票　(鲁)

BF09460358

本支票付款期限十天

出票日期(大写)贰零壹捌年壹拾贰月贰拾捌日　　付款行名称:建设银行天桥支行

收款人:力峰焊接设备有限公司　　出票人账号:563874263792

人民币(大写)	亿	千	百	十	万	千	百	十	元	角	分
叁拾贰万玖仟肆佰肆拾元整			¥	3	2	9	4	4	0	0	0

用途　货款

上列款项请从

我账户内支付

出票人签章

兴达机电设备公司 财务专用章

姜杰 文印

科目(借)

对方科目(贷)

转账日期　　年　月　日

复核　　记账

中国建设银行
China Construction Bank

进账单 （回　单）　1

年　　月　　日

出票人	全　称		收款人	全　称	
	账　号			账　号	
	开户银行			开户银行	
金额	人民币（大写）				亿 千 百 十 万 千 百 十 元 角 分
票据种类		票据张数			
票据号码					
复核　　记账				开户银行签章	

此联是开户银行交给持（出）票人的回单

经济业务(89)

山东增值税专用发票

全国统一发票监制章 山东 国家税务总局监制

3700186540　　　　№ 0069735

记　账　联

开票日期:2018年12月28日

购买方	名　　称:红星机电设备公司 纳税人识别号:370103796206477 地 址 、电 话:济南市北园路22号　0531－89776230 开户行及账号:工商银行北园支行　360200012347			密码区	7751＜96－＊＜5599＞2＊90631 7＜3＞67－672＞＊2＊＜4＞－7/＊ －＊77＜62－9＜/28＋941－3－9 4＞5352/＞4637－94－＞＞＞＊0		加密版本:01 3700092130 0069735
货物或应税劳务、服务名称	规格型号	单位	数量	单价	金　额	税率	税　额
焊机	160	台	20	7 000.00	140 000.00	16%	22 400.00
焊机	250	台	25	10 000.00	250 000.00	16%	40 000.00
合　计					￥390 000.00		￥62 400.00
价税合计(大写)	⊗肆拾伍万贰仟肆佰元整				（小写）　￥452 400.00		
销售方	名　　称:力峰焊接设备有限公司 纳税人识别号:370102345600123 地 址 、电 话:济南市山大北路128号　0531－88667722 开户行及账号:建设银行和平里支行　370016168972			备注	力峰焊接设备有限公司 税号:370102345600123 发票专用章		

收款人:　　　　复核:李志　　　　开票人:陈斐　　　　销货单位:(章)

第一联:记账联　销售方记账凭证

银行承兑汇票

2　ED01957523

出票日期（大写）　贰零壹捌年壹拾贰月贰拾捌日

出票人全称	红星机电设备公司	收款人	全　称	力峰焊接设备有限公司
出票人账号	360200012347		账　号	370016168972
付款行全称	工商银行北园支行		开户银行	建设银行和平里支行
出票金额	人民币（大写）肆拾伍万贰仟肆佰元整		亿千百十万千百十元角分	¥45240000
汇票到期日（大写）	贰零壹玖年零叁月贰拾捌日	付款行	行号	0471
承兑协议编号	00070		地址	济南市北园路36号
本汇票请你行承兑，到期无条件付款。 出票人签章		本汇票已经承兑，到期由本行付款。 承兑行签章 承兑日期　年　月　日 备注：		复核　记账

此联收款人开户行随托收凭证寄付款行作借方凭证附件

经济业务(90)

中国建设银行 China Construction Bank

业务收费凭证

币别：人民币　　2018年12月29日　　流水号：003926

付款人：力峰焊接设备有限公司			账号：370016168972		
项目名称	工本费	手续费	电子汇划费		金　额
转账支票	30.00	150.00			180.00
现金支票	10.00	26.50			36.50
金额(大写)贰佰壹拾陆元伍角整					¥216.50
付款方式	转账				

建设银行和平里支行 业务章 2018.12.29

第二联 客户回单

会计主管　　授权　　复核　　录入

经济业务(92)

预付费用摊销表

2018 年 12 月　　　　金额单位:元

项目 / 部门或用途	财产保险费	机动车辆保险费	报刊订阅费	合计
加工车间	308.72			308.72
变压器车间	366.09			366.09
装配车间	295.94			295.94
机修车间	37.27			37.27
行政管理部门	740.38	487.00	426.00	1 653.38
出租房屋	216.10			216.10
合计	1 964.50	487.00	426.00	2 877.50

经济业务(93)

房屋、设备折旧计算汇总表

2018 年 12 月

金额单位:元

类别	使用部门或用途	上月计提		上月增加原值	本月增加折旧额	上月减少原值	本月减少折旧额	本月计提	
		原值	折旧额					原值	折旧额
房屋及建筑物	加工车间	317 865.00	635.73					317 865.00	635.73
	变压器车间	602 370.00	1 204.74					602 370.00	1 204.74
	装配车间	189 940.00	379.88					189 940.00	379.88
	机修车间	55 650.00	111.30					55 650.00	111.30
	行政管理部门	1 414 375.00	2 828.75					1 414 375.00	2 828.75
	出租	584 230.00	1 168.46					584 230.00	1 168.46
	小计	3 164 430.00	6 328.86					3 164 430.00	6 328.86
生产设备	加工车间	791 160.00	6 329.28	75 600.00	604.80			866 760.00	6 934.08
	变压器车间	1 047 635.00	8 381.08	103 000.00	824.00	90 395.00	723.16	1 060 240.00	8 481.92
	装配车间	130 220.00	1 041.76					130 220.00	1 041.76
	机修车间	98 470.00	787.76					98 470.00	787.76
	小计	2 067 485.00	16 539.88	178 600.00	1 428.80	90 395.00	723.16	2 155 690.00	17 245.52
管理设备	行政管理部门	589 360.00	9 429.76					589 360.00	9 429.76
运输工具	行政管理部门	365 810.00	5 852.96					365 810.00	5 852.96
合计		6 187 085.00	38 151.46	178 600.00	1 428.80	90 395.00	723.16	6 275 290.00	38 857.10

经济业务(94)

中国建设银行转账支票存根（鲁）	中国建设银行　转账支票　（鲁）　CE003980
CE003980	出票日期(大写)　年　月　日　付款行名称：
科　目	收款人：　出票人账号：
对方科目	人民币（大写） 亿 千 百 十 万 千 百 十 元 角 分
出票日期　年　月　日	本支票付款期限十天
收款人：	用途　　科目(借)
金　额：	上列款项请从　对方科目(贷)
用　途：	我账户内支付　转账日期　年　月　日
单位主管　会计	出票人签章　复核　记账

经济业务(95)

中华人民共和国
税收通用缴款书　地

隶属关系：
注册类型　填发日期 2018 年 12 月 30 日　(20091) 鲁地缴电 No0060235
征收机关：济南市地方税务局历下分局征收大厅

缴款单位(人)	代　码	370102345600123	预算科目	编码	
	全　称	力峰焊接设备有限公司		名称	
	开户银行	建设银行和平里支行		级次	省 100%
	账　号	370016168972	收款国库		历城国库
税款所属时期 2018 年11月01日至 2018 年11月30日			税款限缴日期 2018 年 12 月 10 日		

品目名称	课税数量	计税金额或销售收入	税率或单位税额	已缴或扣除额	实缴金额
房产税					¥1 000.00
金额合计	(大写)壹仟元整				¥1 000.00

缴款单位（人）（盖章） 经办人（章）	税务机关（盖章） 填票人(章) 王鑫	上列款项已收妥并划转收款单位账户 国库（银行）盖章　年　月　日	备注：

逾期不缴按税法规定加收滞纳金

无银行收讫章无效

第一联（收据）国库（银行）收款盖章后退缴款单位（人）作完税凭证

中华人民共和国
税收通用缴款书

地

隶属关系：　　　　(20091) 鲁地缴电 No0060239

注册类型　　填发日期 2018 年 12 月 30 日　　征收机关：济南市地方税务局历城分局征收大厅

缴款单位（人）			预算科目		
	代码	370102345600123		编码	103050107
	全称	力峰焊接设备有限公司		名称	税务部门罚没收入
	开户银行	建设银行和平里支行		级次	省 100%
	账号	370016168972	收款国库		历城国库

税款所属时期 2018 年11月01日至 2018 年11月30日　　税款限缴日期　2018 年 12 月 10 日

品目名称	课税数量	计税金额或销售收入	税率或单位税额	已缴或扣除额	实缴金额
罚没收入		0.00			¥40.00
金额合计	（大写）肆拾元整				¥40.00

缴款单位（人）（盖章） 经办人（章）	税务机关（盖章） 王鑫 填票人（章）	上列款项已收妥并划转收款单位帐户 国库（银行）盖章　年　月　日	备注：200910060239 其他部门查补罚没 23700800018806491

逾期不缴按税法规定加收滞纳金

无银行收讫章无效

第一联（收据）国库（银行）收款盖章后退缴款单位（人）作完税凭证

经济业务(96)

山东增值税普通发票

3700184640 　　　　　　　　　　No 08974907

发 票 联

开票日期:2018 年 12 月 30 日

购买方

名 称:力峰焊接设备有限公司

纳税人识别号:370102345600123

地 址 、电 话:济南市山大北路 128 号 0531－88667722

开户行及账号:建设银行和平里支行 370016168972

密码区

7742<96－＊<5599>2＊90631 　加密版本:01

7<3>67－672>＊2＊<4>－7/＊ 　3700091226

－＊77<62－9</28+941－3－9 　08974907

4>5352/>4637－94－>>>＊0

货物或应税劳务、服务名称	规格型号	单位	数量	单价	金 额	税率	税 额
餐费				8 960.00	8 960.00	6%	537.60
合 计					¥8 960.00		¥537.60
价税合计(大写)	⊗玖仟肆佰玖拾柒元陆角整				(小写) ¥9 497.60		

销售方

名 称:梅园饭店

纳税人识别号:370102779723743

地 址 、电 话:济南市堤口路 236 号 0531－82350327

开户行及账号:建设银行堤口路支行 160202310264

备注

梅园饭店 税号:370102779723743 发票专用章

收款人:王文 　复核:丁健 　开票人:王文 　销货单位:(章)

第三联:发票联 购买方记账凭证

中国建设银行(鲁)
转账支票存根

CE003981

科 目________

对方科目________

出票日期: 年 月 日

收款人:

金 额:

用 途:

单位主管 　会计

中国建设银行 转账支票 (鲁) 　CE003981

出票日期(大写) 年 月 日 　付款行名称:

本支票付款期限十天

收款人: 　出票人账号:

人民币(大写)	亿	千	百	十	万	千	百	十	元	角	分

用途________

上列款项请从
我账户内支付
出票人签章

科目(借)________

对方科目(贷)________

转账日期 年 月 日

复核 　记账

经济业务(97)

力峰焊接设备有限公司财产物资盘盈盘亏报告单

类别:原材料　　　　　　　　　　2018 年 12 月 18 日

名称	规格	单位	单价	账面数		清点数		盘盈		盘亏		备注
				数量	金额	数量	金额	数量	金额	数量	金额	
绝缘漆		公斤	20.00	340	6 800.00	336	6 720.00			4	80.00	
稀释剂		公斤	7.00	90	630.00	80	560.00			10	70.00	
合计	×	×	×	×		×		×		×	150.00	

原因分析：系搬运途中损耗。	审批意见：批准转入管理费用。 生产副经理　孙永平 2018 年 12 月 30 日

第二联

单位(盖章) 力峰焊接设备有限公司财务专用章　　　财务科负责人:朱茜　　　制表:王庆成

经济业务(98)

山东增值税专用发票

全国统一发票监制章 山东 国家税务总局监制

3700186540　　　　№ 08974073

发　票　联

开票日期:2018年12月30日

购买方	名　　称:力峰焊接设备有限公司 纳税人识别号:370102345600123 地 址 、电 话:济南市山大北路128号　0531－88667722 开户行及账号:建设银行和平里支行　370016168972	密码区	7742<96－＊<5599>2＊90631　加密版本:01 7<3>67－672>＊2＊<4>－7/＊　3700096712 －＊77<62－9</28＋941－3－9　08974073 4>5352/>4637－94－>>>＊0

货物或应税劳务、服务名称	规格型号	单位	数量	单价	金　额	税率	税　额
隔热板	2306	块	65	138.00	8 970.00	16%	1 435.20
合　计					￥8 970.00		￥1 435.20
价税合计(大写)	⊗壹万零肆佰零伍元贰角整				(小写)　￥10 405.20		

销售方	名　　称:川江百货公司 纳税人识别号:370102779723714 地 址 、电 话:济南市堤口路5号　0531－82350427 开户行及账号:工商银行堤口路支行　160202310169	备注	川江百货公司 税号:370102779723714 发票专用章

收款人:于月　　　　复核:吴东　　　　开票人:于月　　　　销货单位:(章)

第三联:发票联　购买方记账凭证

经济业务(99)

山东增值税专用发票

3700186540　　　　　　　　　　　　　　№ 08974432

发　票　联

开票日期：2018年12月30日

购买方	名　　称：力峰焊接设备有限公司 纳税人识别号：370102345600123 地 址 、电 话：济南市山大北路128号　0531－88667722 开户行及账号：建设银行和平里支行　370016168972			密码区	7742<96－＊<5599>2＊90631 7<3>67－672>＊2＊<4>－7/＊ －＊77<62－9</28＋941－3－9 4>5352/>4637－94－>>>＊0	加密版本：01 3700097762 08974432	
货物或应税劳务、服务名称	规格型号	单位	数量	单价	金　额	税率	税　额
顾问费	2018年12月	月	1	15 000.00	15 000.00	6%	900.00
合　计					￥15 000.00		￥900.00
价税合计(大写)	⊗壹万伍仟玖佰元整				(小写)　￥15 900.00		
销售方	名　　称：振华律师事务所 纳税人识别号：370102779723746 地 址 、电 话：济南市经八路7号　0531－82350412 开户行及账号：工商银行市中支行　160202310773			备注			

收款人：卫强　　　　复核：王飞　　　　开票人：卫强　　　　销货单位：(章)

第三联：发票联　购买方记账凭证

中国建设银行 转账支票存根(鲁) **CE003982**	中国建设银行　转账支票　(鲁)　**CE003982**
科　　目＿＿＿＿＿＿ 对方科目＿＿＿＿＿＿ 出票日期　　年　月　日 收款人： 金　额： 用　途： 单位主管　　会计	本支票付款期限十天 出票日期(大写)　　年　　月　　日　　付款行名称： 收款人：　　　　出票人账号： 人民币(大写)　亿 千 百 十 万 千 百 十 元 角 分 用途＿＿＿＿　　科目(借)＿＿＿＿ 上列款项请从　　对方科目(贷)＿＿＿＿ 我账户内支付　　转账日期　年　月　日 出票人签章　　复核　　记账

经济业务(100)

退　料　单

No．20091201

退料部门：　　　　　　　　年　月　日　　　　　收料仓库：

材料用途	退料类别及名称	计量单位	退料数量		计划单价	金额
			真退	假退		
合计						

仓库主管：　　　　收料人：　　　　退料部门主管：　　　　退料人：

经济业务(102)

原材料、低值易耗品成本差异率计算表

年 月

类 别	月 初 结存差异 (1)	本 月 收料差异 (2)	月初结存 计划成本 (3)	本月收料 计划成本 (4)	差异分配率＝ $\frac{(1)+(2)}{(3)+(4)}$
钢材类					
变压器类					
控制配件类					
焊枪类					
辅助材料类					
低值易耗品类					

加工车间产品成本计算表

产品名称:160 型机壳　　　　　　年　　月　　　　　　金额单位:元

项目		数量(套)	主要材料	辅助材料	工资薪酬	制造费用	合计
月初在产品							
本月生产费用							
累　计							
在产品加工程度		×					×
完工产成品	总成本						
	单位成本						
月末在产品							

加工车间产品成本计算表

产品名称:200 型机壳　　　　　　年　　月　　　　　　金额单位:元

项目		数量(套)	主要材料	辅助材料	工资薪酬	制造费用	合计
月初在产品							
本月生产费用							
累　计							
在产品加工程度		×					×
完工产成品	总成本						
	单位成本						
月末在产品							

加工车间产品成本计算表

产品名称:250 型机壳　　　　年　　月　　　　金额单位:元

项目		数量(套)	主要材料	辅助材料	工资薪酬	制造费用	合计
月初在产品							
本月生产费用							
累　计							
在产品加工程度		×					×
完工产成品	总成本						
	单位成本						
月末在产品							

变压器车间产品成本计算表

产品名称:160 型变压器　　　　年　　月　　　　金额单位:元

项目		数量(台)	主要材料	工资薪酬	制造费用	合计
月初在产品						
本月生产费用						
累　计						
在产品加工程度		×				×
完工产成品	总成本					
	单位成本					
月末在产品						

变压器车间产品成本计算表

产品名称:200 型变压器　　　　年　　月　　　　金额单位:元

项目		数量(台)	主要材料	工资薪酬	制造费用	合计
月初在产品						
本月生产费用						
累　计						
在产品加工程度		×				×
完工产成品	总成本					
	单位成本					
月末在产品						

变压器车间产品成本计算表

产品名称:250 型变压器　　　　年　　月　　　　金额单位:元

项目		数量(台)	主要材料	工资薪酬	制造费用	合计
月初在产品						
本月生产费用						
累　计						
在产品加工程度		×				×
完工产成品	总成本					
	单位成本					
月末在产品						

装配车间产品成本计算表

产品名称:160 型焊机　　　　年　月　　　　金额单位:元

项目		数量(台)	自制半成品	主要材料	辅助材料	工资薪酬	制造费用	合计
月初在产品								
本月生产费用								
累　计								
在产品加工程度		×						×
完工产成品	总成本							
	单位成本							
月末在产品								

装配车间产品成本计算表

产品名称:200 型焊机　　　　年　月　　　　金额单位:元

项目		数量(台)	自制半成品	主要材料	辅助材料	工资薪酬	制造费用	合计
月初在产品								
本月生产费用								
累　计								
在产品加工程度		×						×
完工产成品	总成本							
	单位成本							
月末在产品								

装配车间产品成本计算表

产品名称:250 型焊机　　　　年　月　　　　金额单位:元

项目		数量(台)	自制半成品	主要材料	辅助材料	工资薪酬	制造费用	合计
月初在产品								
本月生产费用								
累　计								
在产品加工程度		×						×
完工产成品	总成本							
	单位成本							
月末在产品								

经济业务(104)

应付职工薪酬汇总分配计算表

年 月 金额单位:元

借项 部门	借项 账户	贷项 / 产品、劳务	生产工时(小时)	应付职工薪酬汇总				应付职工薪酬分配	
				发放工资	企业承担的各项保险费、经费等	其他薪酬	合计	分配率	分配额
加工车间	基本生产	160型机壳		×	×	×	×		
		200型机壳		×	×	×	×		
		250型机壳		×	×	×	×		
		小　计							
	制造费用							×	×
变压器车间	基本生产	160型变压器		×	×	×	×		
		200型变压器		×	×	×	×		
		250型变压器		×	×	×	×		
		小　计							
	制造费用							×	×
装配车间	基本生产	160型焊机		×	×	×	×		
		200型焊机		×	×	×	×		
		250型焊机		×	×	×	×		
		小　计							
	制造费用							×	×
机修车间	辅助生产							×	×
行政部门	管理费用							×	×
总　计								×	×

经济业务(105)

辅助生产成本分配表

生产单位:机修车间　　　　　　　　年　　月

受益部门或项目	修理安装工时	分配率	分配额
加工车间			
变压器车间			
装配车间			
行政管理部门			
建造厂房工程			
合　计			

经济业务(106)

加工车间制造费用分配表

年　　月

项　目	生产工时	制 造 费 用	
		分 配 率	金　额
合　计			

变压器车间制造费用分配表

年　　月

<table>
<tr><th rowspan="2">项　目</th><th rowspan="2">生 产 工 时</th><th colspan="2">制 造 费 用</th></tr>
<tr><th>分 配 率</th><th>金　额</th></tr>
<tr><td></td><td></td><td></td><td></td></tr>
<tr><td></td><td></td><td></td><td></td></tr>
<tr><td></td><td></td><td></td><td></td></tr>
<tr><td></td><td></td><td></td><td></td></tr>
<tr><td></td><td></td><td></td><td></td></tr>
<tr><td>合　计</td><td></td><td></td><td></td></tr>
</table>

装配车间制造费用分配表

年　　月

<table>
<tr><th rowspan="2">项　目</th><th rowspan="2">生 产 工 时</th><th colspan="2">制 造 费 用</th></tr>
<tr><th>分 配 率</th><th>金　额</th></tr>
<tr><td></td><td></td><td></td><td></td></tr>
<tr><td></td><td></td><td></td><td></td></tr>
<tr><td></td><td></td><td></td><td></td></tr>
<tr><td></td><td></td><td></td><td></td></tr>
<tr><td></td><td></td><td></td><td></td></tr>
<tr><td>合　计</td><td></td><td></td><td></td></tr>
</table>

经济业务(109)

自制半成品领用明细表

领用部门：　　　　　　　　　　　　年　　月　　　　　　　　金额单位：元

品　名	计量单位	领用数量	单位成本	金　额	合　计	用　途
160 型机壳						160 型焊机
160 型变压器						
200 型机壳						200 型焊机
200 型变压器						
250 型机壳						250 型焊机
250 型变压器						
合　计	×	×	×			×

经济业务(110)

产成品收、发、存月报表

年　　月　　　　　　　　金额单位：元

项　目	160 型焊机			200 型焊机			250 型焊机		
	数量(台)	单价	金额	数量(台)	单价	金额	数量(台)	单价	金额
期初余额									
本期完工									
合　计									
本期捐赠									
本期销售									
期末余额									

经济业务(112)

税金及附加计算表

年　　月

项　　目		金　额
当期产品销售额(包括视同销售)	①	
销售产品销项税额	②=①×16%	
当期实际收到房屋租金	③	
出租房屋销项税额	④=③×10%	
当期销项税额合计	⑤=②+④	
进项税额	⑥	
进项税额转出	⑦	
应纳增值税额	⑧=⑤-⑥+⑦	
应纳城市维护建设税额	⑨=⑧×7%	
应交教育费附加	⑩=⑧×3%	
当期税金及附加额	⑪=⑨+⑩	

七　编制及分析年度会计报表的有关资料

（一）现金流量表各项目 1～11 月累计发生额

现金流量表台账

账页名称：经营活动现金流入

2018 年		凭证号码	摘　要	金　额	明　细　项　目		
月	日				销售商品、提供劳务	税费返还	其　他
11	30		本年累计	25 196 577.60	24 867 390.00		329 187.60

现金流量表台账

账页名称:投资活动现金流入

2018年		凭证号码	摘　要	金　额	明　细　项　目			
月	日				收回投资	取得投资收益	处置长期资产净额	其　他
11	30		本年累计	1 183 574.60	965 814.60	165 000.00	52 760.00	

现金流量表台账

账页名称:投资活动现金流出

2018年		凭证号码	摘　要	金　额	明　细　项　目		
月	日				购建长期资产	对外投资	其　他
11	30		本年累计	2 196 332.70	1 108 805.00	1 087 527.70	

现金流量表台账

账页名称:筹资活动现金流入

2018年		凭证号码	摘　要	金　额	明　细　项　目		
月	日				取得借款	其　他	
11	30		本年累计	1 500 000.00	1 500 000.00		

现金流量表台账

账页名称:筹资活动现金流出

2018年		凭证号码	摘　要	金　额	明　细　项　目		
月	日				偿还债务	分配股利、利润或偿付利息	其　他
11	30		本年累计	1 672 398.19	1 000 000.00	672 398.19	

编制现金流量表补充资料及附注计算表

1. 将净利润调节为经营活动的现金流量：	1～11月	12月	全　年
净利润	1 872 036.30		
加：资产减值准备			
固定资产折旧、油气资产折耗、生产性生物资产折旧	439 652.40		
无形资产摊销	27 500.00		
长期待摊费用摊销			
处置固定资产、无形资产和其他长期资产的损失(收益以“—”号填列)	—4 260.00		
固定资产报废损失(收益以“—”号填列)	—3 862.70		
公允价值变动损失(收益以“—”号填列)			
财务费用(收益以“—”号填列)	121 084.53		
投资损失(收益以“—”号填列)	—136 581.80		
递延所得税资产减少(增加以“—”号填列)			
递延所得税负债增加(减少以“—”号填列)			
存货的减少(增加以“—”号填列)	442 869.21		
经营性应收项目的减少(增加以“—”号填列)	—753 296.70		
经营性应付项目的增加(减少以“—”号填列)	—391 248.60		
其他			
经营活动产生的现金流量净额	1 613 892.64		
2. 不涉及现金收支的重大投资和筹资活动			
债务转为资本			
一年内到期的可转换公司债券			
融资租入固定资产			

（二）利润表各项目1～11月份累计发生额

利　润　表

会企02表

编制单位：力峰焊接设备有限公司　　2018年11月　　单位：元

项　　目	本月金额	本年累计金额
一、营业收入		19 061 600.00 ①
减：营业成本		11 679 096.70 ①
税金及附加		567 704.80
销售费用		1 130 200.00
管理费用		2 887 234.40
研发费用		
财务费用		455 525.20
其中：利息费用		430 115.80
利息收入		104 770.60
资产减值损失		
信用减值损失		
加：其他收益		
投资收益（损失以“—”号填列）		136 581.80
其中：对联营企业和合营企业的投资收益		
净敞口套期收益（损失以“—”号填列）		
公允价值变动收益（损失以“—”号填列）		
资产处置收益（损失以“—”号填列）		
二、营业利润（亏损以“—”号填列）		2 478 420.70
加：营业外收入		17 627.70
减：营业外支出		
三、利润总额（亏损总额以“—”号填列）		2 496 048.40
减：所得税费用		624 012.10
四、净利润（净亏损以“—”号填列）		1 872 036.30
（一）持续经营净利润（净亏损以“—”号填列）		1 872 036.30
（二）终止经营净利润（净亏损以“—”号填列）		

（续表）

项　　目	本月金额	本年累计金额
五、其他综合收益的税后净额		
（一）不能重分类进损益的其他综合收益		
1. 重新计量设定受益计划变动额		
2. 权益法下不能转损益的其他综合收益		
3. 其他权益工具投资公允价值变动		
4. 企业自身信用风险公允价值变动		
……		
（二）将重分类进损益的其他综合收益		
1. 权益法下可转损益的其他综合收益		
2. 其他债权投资公允价值变动		
3. 金融资产重分类计入其他综合收益的金额		
4. 其他债权投资信用减值准备		
5. 现金流量套期储备		
6. 外币财务报表折算差额		
……		
六、综合收益总额		1 872 036.30
七、每股收益		
（一）基本每股收益		
（二）稀释每股收益		

注：① 1～11月累计主营业务收入18 493 400.00元，累计主营业务成本11 465 908.50元，累计其他业务收入568 200.00元，累计其他业务成本213 188.20元。

（五）财务指标计算表及计算要求与提示

要求计算结果精确到0.01。

财务指标计算表

财务指标名称	计算过程	提　示
（1）销售利润率		
（2）总资产报酬率		$\frac{\text{利润总额}+\text{利息支出}}{\text{平均资产总额}}\times100\%$ 1～11月份累计利息支出为454 158.00元
（3）资本收益率		此处收益指净利润
（4）资本保值增值率		$\frac{\text{年末所有者权益总额}}{\text{年初所有者权益总额}}\times100\%$
（5）资产负债率		
（6）流动比率		
（7）速动比率		
（8）应收账款周转率		此处用应收账款余额，不用应收账款净额
（9）存货周转率		
（10）资本经营现金净流量率		$\frac{\text{经营活动产生的现金流量净额}}{\text{年末实收资本总额}}\times100\%$

(三)利润表1张

利　润　表

会企02表

编制单位：　　　　　　＿＿＿年＿＿月　　　　　　单位：元

项　　目	本月金额	本年累计金额
一、营业收入		
减：营业成本		
税金及附加		
销售费用		
管理费用		
研发费用		
财务费用		
其中：利息费用		
利息收入		
资产减值损失		
信用减值损失		
加：其他收益		
投资收益(损失以"—"号填列)		
其中：对联营企业和合营企业的投资收益		
净敞口套期收益(损失以"—"号填列)		
公允价值变动收益(损失以"—"号填列)		
资产处置收益(损失以"—"号填列)		
二、营业利润(亏损以"—"号填列)		
加：营业外收入		
减：营业外支出		
三、利润总额(亏损总额以"—"号填列)		
减：所得税费用		
四、净利润(净亏损以"—"号填列)		
(一)持续经营净利润(净亏损以"—"号填列)		

（续表）

项　　目	本月金额	本年累计金额
（二）终止经营净利润（净亏损以“—”号填列）		
五、其他综合收益的税后净额		
（一）不能重分类进损益的其他综合收益		
1. 重新计量设定受益计划变动额		
2. 权益法下不能转损益的其他综合收益		
3. 其他权益工具投资公允价值变动		
4. 企业自身信用风险公允价值变动		
……		
（二）将重分类进损益的其他综合收益		
1. 权益法下可转损益的其他综合收益		
2. 其他债权投资公允价值变动		
3. 金融资产重分类计入其他综合收益的金额		
4. 其他债权投资信用减值准备		
5. 现金流量套期储备		
6. 外币财务报表折算差额		
……		
六、综合收益总额		
七、每股收益		
（一）基本每股收益		
（二）稀释每股收益		